BAEDEKER SMART

Dublin

MairDumont – www.baedeker.com

Wie funktioniert der Reiseführer?

Wir präsentieren Ihnen Dublins Sehenswürdigkeiten in drei Kapiteln. Jedem Kapitel ist eine *spezielle Farbe* zugeordnet. Um Ihnen die Reiseplanung zu erleichtern, haben wir alle wichtigen Sehenswürdigkeiten jedes Kapitels in drei Rubriken gegliedert: Einzigartige Sehenswürdigkeiten sind in der Liste der *TOP 10* zusammengefasst und zusätzlich mit zwei Baedeker Sternen gekennzeichnet. Ebenfalls bedeutend, wenngleich nicht einzigartig, sind die Sehenswürdigkeiten der Rubrik *Nicht verpassen!* Eine Auswahl weiterer interessanter Ziele birgt die Rubrik *Nach Lust und Laune!*

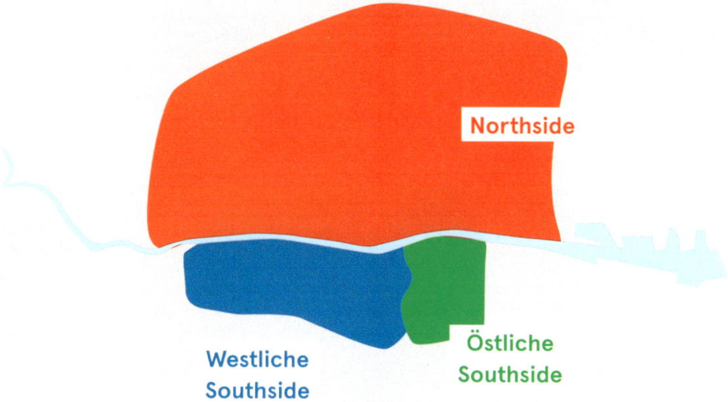

Das Magazin

Westliche Southside

Östliche Southside

Northside

Ausflüge

Spaziergänge

Praktische Informationen

Anhang

Magische Momente

Kommen Sie zur rechten Zeit an den richtigen Ort
und erleben Sie Unvergessliches.

Wer am Trinity College studiert, tritt in die Fußstapfen großer irischer Persönlichkeiten wie Samuel Beckett und Oscar Wilde.

Ein Muss in Dublin: der Genuss eines frisch gezapften Pints in einem Pub wie dem Black Sheep.

1

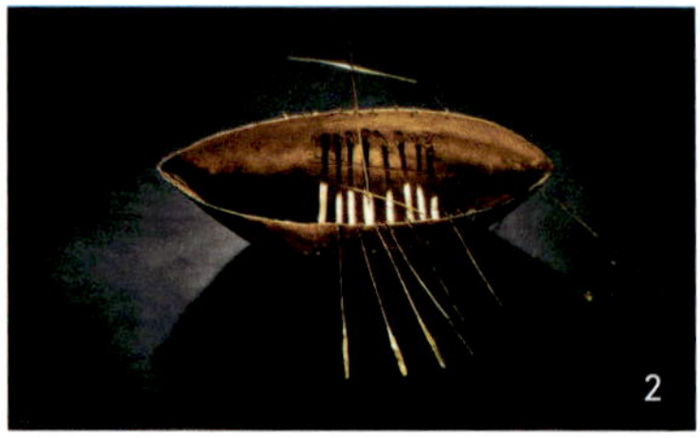
2

3

4

5

6

7

8

9

10

★★ Baedeker Topziele

Unsere TOP 10 helfen Ihnen, von der absoluten Nummer eins bis zur Nummer zehn, die wichtigsten Sehenswürdigkeiten einzuplanen.

❶ ★★ Trinity College & Book of Kells
Die illustrierte Handschrift enthält die vier Evangelien. Sie ist UNESCO-Weltdokumentenerbe und Irlands schönstes Buch. Täglich wechselnd sind je zwei Seiten im Trinity College zu sehen (S. 86).

❷ ★★ National Museum of Ireland – Archaeology
Das beeindruckende Bauwerk beherbergt zwei Millionen Exponate aus allen Teilen Irlands, darunter wertvolle prähistorische Funde. Es ist Teil des Irischen Nationalmuseums (S. 91).

❸ ★★ Kilmainham Gaol
Das über 225 Jahre alte Gefängnis ist nicht nur baulich von besonderem Interesse. Hinter seinen dicken Mauern waren viele Politiker und Rebellenführer inhaftiert, die Irlands Geschichte prägten (S. 46).

❹ ★★ Guinness Storehouse
Guinness und Dublin gehören zusammen. Das historische Gebäude der Brauerei zeigt die Entwicklung vom kleinen irischen Familienbetrieb hin zur Weltmarke (S. 49).

❺ ★★ St Patrick's Cathedral
Irlands größte und für viele schönste Kirche ist dem irischen Schutzpatron, dem heiligen St. Patrick, geweiht (S. 55).

❻ ★★ Temple Bar
Pubs, Cafés, Geschäfte und kulturelle Einrichtungen in farbenfrohen Stadthäusern. Am Party-Hotspot wird es aber erst nach Sonnenuntergang so richtig lebhaft (S. 58).

❼ ★★ National Gallery of Ireland
Ein verwinkelter Komplex mit Gemälden internationaler und irischer Meister, von Goya über Velázquez hin zu Jack B. Yeats (S. 94).

❽ ★★ Phoenix Park
Der Phoenix Park am Stadtrand bedeutet für die Dubliner ein Stück Lebensqualität (S. 124).

❾ ★★ Dublin Castle
Die Burg von Dublin ist mehr Schloss als Burg. Von hier aus regierten die Briten ihre Provinz Irland (S. 60).

❿ ★★ St Stephen's Green
Denkmäler und Statuen, Bäume und Pflanzen aus aller Welt, kleine Seen und Teiche – der herrliche Stadtpark ist eine Oase in Grün und obendrein umgeben von georgianischen Palästen (S. 96).

Ein Gefühl für Dublin bekommen

Erleben, was die Stadt ausmacht, ihr einzigartiges Flair spüren. So, wie die Dubliner selbst.

Drama, Komödie und Magie

So facettenreich wie ein ganzes Leben sei der Spielplan des Gaiety Theatre (S. 111) – sagen seine Fans. Seit über 150 Jahren sind die Vorstellungen regelmäßig ausverkauft. Kein Wunder, dass die Dubliner die hier auftretenden Schauspieler kennen und neue Kritiken mit Spannung erwarten. Wer Karten für besonders nachgefragte Klassiker bekommen will, muss frühzeitig reservieren und etwas Glück haben.

Auf ein Pint

Meist rappelvoll ist die Pub-Legende O'Donoghue's (S. 112) in der Merrion Row, eine der berühmtesten Kneipen von Dublin und nach wie vor Lieblingsadresse vieler Iren, die hier ihre Pints am Tresen ordern. Neben den zahlreichen Bier- und Cider-Sorten genießt man die herzliche Stimmung und Livemusik. Nachfahren der vielen einst in die USA und nach Australien ausgewanderten Iren kommen ebenfalls hierher und singen die irischen Volkslieder laut mit.

Auf den Spuren von James Joyce

Hier treffen sich Literaturversierte und -besessene, pensionierte Professoren, Studenten und Touristen: Mitte des 19. Jh.s eröffnete Sweny's Pharmacy und am 16. Juni 1904 erstand hier Leopold Bloom ein Stück Zitronenseife (jedenfalls im ausufernden Roman »Ulysses« von James Joyce). Die ehemalige Apotheke ist heute ein ganz besonderer Bookshop, in dem James-Joyce-Fans aus dessen Werken vorlesen.

Sweny's Pharmacy
191 E2 1 Lincoln Place, D2
http://sweny.ie/site
tgl. 11–18 Uhr, Lesungen zweimal tgl., teilweise auch auf Zoom frei

Lunch wie die Iren

Um die Mittagszeit sind die Cafés und Restaurants in Dublin stets gut besucht, dann bleibt kein Tisch mehr frei. So setzt man sich auch gerne zu Leuten, die man nicht kennt, genießt sein Essen und ein Gespräch mit dem Tischnachbarn. Besonders schön ist es, ein (improvisiertes) Picknick im Grünen zu

Ganz entspannter Lunch im Winding Stair mit Räucherfisch, Kapern, Crème fraîche – und einem passenden Gläschen Weißwein.

Erfrischend ist die Küstentour zur Landspitze des Howth Head, umwerfend der Blick über die Dublin Bay.

Mit der Farbe Grün sollten Sie sich üppig schmücken, wenn Sie am St Patrick's Day mitfeiern!

veranstalten, das ist selbst mitten in der Stadt kein Problem. Und so pilgern Angestellte und Touristen zum St Stephen's Green (S. 96), um auf den Rasenflächen ein Sandwich zu essen und die Sonne zu genießen.

Apple Pie im Herrenhaus

Mit dem Stadtbus gelangen die Dubliner in einer Dreiviertelstunde ins ländliche, inmitten der Wicklow Mountains gelegene Dörfchen Enniskerry. Von dort führt ein hübscher Spaziergang zum herrlichen Powerscourt Estate (S. 150). Es besitzt ein SB-Restaurant mit Tea Room: Auf Teakmöbeln auf der Terrasse sitzend, fühlt man sich wie zu Besuch bei adeligen Verwandten, genießt den Blick auf den Landschaftspark und tauscht Gartentipps mit den Iren aus.

Irish at Heart

Die beste Gelegenheit, um Dublin zu verstehen, einen Einblick in die irische Seele zu erhalten? Kommen Sie zum St Patrick's Day, dem Irischen Nationalfeiertag am 17. März: Zwar finden sich auf der ganzen Welt an diesem Tag die Iren zusammen, um zu feiern, doch das Epizentrum liegt eindeutig in Dublin. Ein lebenslustiges, mehrtägiges Festival mit typisch irischen Songs, moderner Musik und einer ausgelassenen Straßenparade, dazu Partys in den Pubs und Clubs bis in die frühen Morgenstunden und als Abschluss ein grandioses Feuerwerk. Sie wollen mitmachen? Dann tragen Sie ebenfalls ein Kleeblatt, das irische Nationalsymbol, an Ihrer Kleidung. Sie können aber auch die Haare grün färben. Es kam über die Jahre auch vor, dass kurz grünes Wasser die Liffey hinabfloss.

Top-Design im Edelkaufhaus

Tradition, irische Produkte und hohe Qualität: Was Harrods in London, das ist Brown Thomas (S. 110) den Dublinern. Hier suchen Mütter mit ihren Töchtern die Aussteuer aus, hier kauft man sich das Ballkleid für die neue Saison oder das Businesskostüm aus Tweed und informiert sich über die Trends irischer Designer. Anschließend gönnt man sich eine Pause in einem der beiden Cafés. Zu den Sales im Januar und ab August gibt es Rabatte und entsprechend viel Betrieb.

Meeresrauschen und Möwengeschrei

Ob am Hafen, auf den Steilklippen hoch über Howth oder auf dem Spazierweg vom Baily Lighthouse, dem Leuchtturm, um die Halbinsel Howth Head: Von Dublins Küstenvororten ist Howth sicherlich der schönste. Hier genießen Dubliner den Besuch in urigen Fischrestaurants und Pubs sowie beim Golfen und Segeln. Spirituell veranlagte Iren, das sind nicht wenige, besuchen das als Kraftort bekannte Aideen's Grave, ein Megalithgrab bei Howth Castle. Mit der DART gelangt man in 20 Minuten hierher.

Government Buildings, Irlands Regierungssitz, fertiggestellt 1911 – der letzte britische Prachtbau vor der Unabhängigkeit war ursprünglich als Sitz des Royal College of Science vorgesehen.

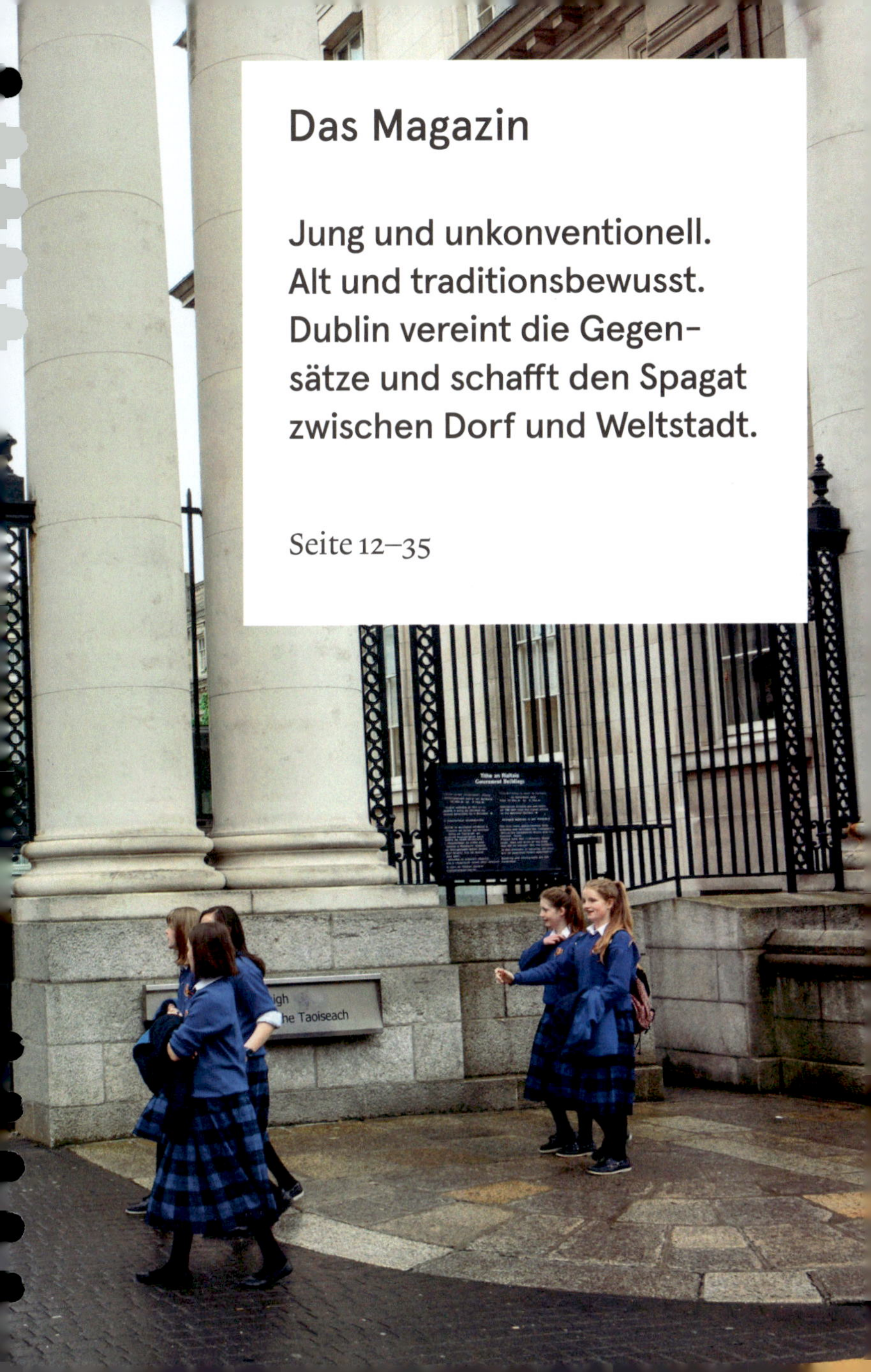

Das Magazin

Jung und unkonventionell. Alt und traditionsbewusst. Dublin vereint die Gegensätze und schafft den Spagat zwischen Dorf und Weltstadt.

Seite 12–35

Die moderne Samuel Beckett Bridge greift die traditionelle Form einer Harfe auf.

Das neue Dublin

Ohne Frage: Dublin hat sich gemausert. Der Wandel der irischen Hauptstadt hängt vor allem mit einem rasanten Wirtschaftswachstum zusammen.

Die im irischen Klassiker, dem Volkslied »Molly Malone«, besungene *fair city* zeigt sich heute als selbstbewusste, gefragte Hauptstadt einer jungen, unabhängigen demokratischen Republik. Sie ruht sich nicht länger auf ihrem georgianischen Erbe aus und hat den spießigen Mief des irischen Katholizismus ausgekehrt. Beschrieb der irische Schriftsteller Brendan Behan (S. 23) die Stadt einst noch als »Europas größtes Dorf«, war für James Joyce »das geliebte dreckige Dublin« der Schlüssel, um alle anderen Städte dieser Welt zu durchschauen. Mit Colin Farrell und Riverdance wurde Dublin neu erfunden und ein neues Image als lebenslustige, europanahe Stadt mit schicken Bars, Restaurants, Clubs und Läden sowie Museen und Galerien von Weltrang geschaffen. »Stadt der 1000 Pubs und Bands«, »Hauptstadt des Euro-Schick«, »Partyzentrum Europas«, »Literaturgigant« – die Liste der schmückenden Beinamen ist lang. Es überrascht also nicht, dass Dublin trotz Wirtschafts-, Covid-19- und Brexitkrisen weiterhin an der Spitze der europäischen Urlaubsziele rangiert.

Flugroute London – Dublin wurde die am vierthäufigsten nachgefragte Verbindung der Welt. Die irische Regierung bemühte sich, den Standort Dublin, weltweit zweitgrößter Software-Exporteur, als europäische Zentrale des Internethandels zu etablieren. Die Kombination aus Celtic Tiger, der jüngsten Bevölkerung Europas (40 % sind

Dublin ist ein begehrtes Ziel für Touristen und bietet ein vielseitiges Tourprogramm.

jünger als 25 Jahre) und den vielen Immigranten und Touristen führte zu wachsendem Wohlstand.

Steiler Aufstieg …

Von 1994 bis zu den ersten Anzeichen der Krise 2007 wies die irische Wirtschaft mit über sieben Prozent pro Jahr die höchste Wachstumsrate der EU auf – der »Celtic Tiger« (Keltischer Tiger, lt. der Zeitschrift »The Economist«) war geboren. Dublin entwickelte sich zu einem internationalen Bankenzentrum, die

… und harter Fall

Doch auf den Boom folgte die Pleite: Mit dem Einbruch der Weltwirtschaft 2008/09 platzte der Traum. Anfang des Jahres 2010 war Irlands Bruttoinlandsprodukt bereits drastisch gesunken, am Jahresende kollabierte die Wirtschaft und das Land musste einen Rettungsschirm der EU und des IWF in Höhe von 67,5 Mrd. Euro in Anspruch nehmen.

Der Schirm wird Geschichte

Ende 2013 gewann die Wirtschaft wieder an Schwung: Im Dezember verließ Irland den Rettungsschirm, kehrte auf den Kapitalmarkt zurück und nahm problemlos frisches Kapital auf. Eine wirtschaftliche Wiederauferstehung folgte. Die irische Wirtschaft expandierte im Jahr 2015 um vier Prozent, das Bruttoinlandsprodukt stieg um enorme sieben Prozent (der höchste Anstieg in der Europäischen Union), nachdem schon das Vorjahr ein Plus von ordentlichen 5,2 Prozent erbracht hatte. Arbeitslosigkeit und Haushaltsdefizit gehen weiter zurück und auch die Banken erholen sich allmählich.

Die positive Seite

Trotz des jähen Absturzes hat der vorangegangene Boom in Dublin einen positiven Wandel bewirkt: Schlendert man durch die Straßen, fallen sofort die modernen Bauten und vielen neuen Hotels, Pubs und Restaurants in neugebauten wie auch sanierten Gebäuden auf. Die Kehrseite des Wirtschaftswunders sind gestiegene Preise und ein fast immerwährender Stau. Die Hauptstadt der auswanderungsfreudigen

Urbane Dynamik, verbunden mit dem Charme einer Kleinstadt: Dublin

Kreative wie die Designerin Louise Bowens haben im aufstrebenden Dublin ihren Platz.

Iren kämpft zudem mit der neuen Multikulturalität, hervorgebracht durch riesige Einwanderungswellen, oft aus Osteuropa herüberschwappend.

Den Traditionen verbunden

Das neue Dublin entstand nicht auf Kosten des alten Dublin – darauf wurde penibel geachtet. Die Stadt hat sich zwar neu erfunden, aber ihr unnachahmlicher Charakter und alles, was sie so einzigartig macht, sind mit großer Sorgfalt bewahrt worden. Dieses Zusammenspiel aus der Lässigkeit einer Kleinstadt mit der Betriebsamkeit einer Großstadt: Das gibt es wohl nur in Dublin.

Im Kern haben sich die irische Hauptstadt und ihre Bewohner kaum verändert: Noch immer werden die Dubliner ihrem Ruf als freundliche, geistreiche Zeitgenossen mit unbezwingbarem Humor verdientermaßen gerecht. Noch immer gibt es mitten in der Stadt ruhige Pubs, wo man herrlich die Zeit vertrödeln kann und mit etwas Glück sogar mehr oder minder traditionelle irische Musik gratis zum Pint serviert bekommt. Aber auch ein Spaziergang durch die Gassen, vorbei an der Symmetrie schöner georgianischer Plätze oder mit weitem Liffey-Panorama, lohnt sich immer. Zur Stärkung hat man die Wahl zwischen irischen und kreativ neu gestalteten Gerichten. Und Guinness kommt natürlich nie aus der (kulinarischen) Mode!

Die wohl unterschwelligste Wandlung ist eine eher persönliche: Immer mehr junge, selbstbewusste und gut ausgebildete Dubliner haben ihren internationalen »Marktwert« erkannt. Der Stolz auf ihre Herkunft und ihre Liebe zu Dublin sind unerschütterlich – egal, wie viel sich hier verändert.

Oft allerdings ist diese Entwicklung eine bittere Hassliebe, denn steigende Preise und fehlender Wohnraum machen es den »Dubs« nicht leicht – zumal die Bevölkerung stetig wächst.

Historisches Dublin

Vor über 2000 Jahren als keltische Siedlung gegründet, liegt eine bewegte Geschichte hinter Dublin – sie war bestürmt von plündernden Wikingern, normannischen Eroberern und englischen Siedlern, geprägt von Aufständen und Kriegen. Doch Irland gelangte zu Frieden und Unabhängigkeit.

Keltische Ursprünge

Der heutige irische Name Dublins, Baile Átha (»Furt an der Schilfhürde«), geht zurück auf die erste keltische Siedlung, die am Nordufer der Liffey lag. Im 9. Jh. segelten die Wikinger die Liffey hinauf und gründeten am südlichen Ufer vis-à-vis eine Handelsstation namens Dubh Linn, irisch für »schwarzer Teich«. Dies bezeichnete den dunklen See an der Stelle, wo der River Poddle in die Liffey mündete.

Kunstvoller Türknauf eines Hauses am Merrion Square

Integration in der frühen Zeit

Bis 1171 herrschten die Dänen über Dublin. Die Ankunft der Anglo-Normannen änderte die Machtverhältnisse in Irland nachhaltig. Im Jahr 1400 waren die Nachfahren der Normannen in die irische Bevölkerung integriert, hatten Landessprache und -sitten angenommen. Nur die stark umkämpfte Gegend um Dublin, »The Pale« genannt, unterstand noch der direkten Kontrolle der englischen Krone.

Elisabeth I. und ihre Ziele

Die turbulente Herrschaft der Tudors prägte im 16. und 17. Jh. Dublin und seine Bewohner. Die

»alten englischen« Familien im Pale befürworteten die Eroberung ganz Irlands und die Entwaffnung der unbotmäßigen Einheimischen. Wobei selbst die der Krone treuen Kolonisatoren katholisch waren, und zunehmend befremdet von den reformatorischen Entwicklungen in England. 1592 eröffnete Elisabeth I. das protestantische Trinity College (S. 86). Viele bedeutende Dubliner Familien lehnten dies ab und schickten ihre Söhne stattdessen auf katholische Universitäten in Europa. Im Gegenzug tat Elisabeth die »alt-englischen« Familien Dublins als unzuverlässig ab und forcierte die Ansiedlung von Protestanten, die bis ins 19. Jh. das Fundament britischer Verwaltung in Irland bildeten.

Vom Aufstand zum Krieg

Im 18. Jh. zeichnete sich Dublin auch durch eine immense Armut aus. Die industrielle Revolution des 19. Jh.s brachte keine Verbesserungen, vielmehr bescherte sie der Stadt Tausende ungelernte, arbeitslose Arme – was der britischen Irlandpolitik angelastet wurde. Inspiriert von radikal-politischem Denken und der Renaissance pseudo-keltischer Kultur, formierte sich 1867 eine Revolutionsbewegung, die sich als Irish Republican Brotherhood, auch Fenians, bezeichnete. Ihr Aufstand gegen die englischen Machthaber schlug zunächst fehl. Im Ersten Weltkrieg kämpften zahlreiche junge Dubliner freiwillig in der britischen Armee, getrieben vom Versprechen einer unabhängigen irischen Regierung nach Kriegsende. Gleichzeitig hielten sich die Daheimgebliebenen an das Motto

Wunderschön ist der Empfang in der überkuppelten Halle des National Museum of Ireland – Archaeology in Dublin.

»Englands Problem ist Irlands Chance« und organisierten den Osteraufstand von 1916. Bewaffnete Einheiten der Irish Volunteers und der Irish Citizen Army besetzten wichtige Gebäude. Während der einwöchigen Belagerung verloren viele Bürger und Soldaten ihr Leben. Im Unabhängigkeitskrieg (1918 bis 1921) und Bürgerkrieg (1921–1922) herrschte Stillstand in der Stadt. Im Irish Free State (1922–1949) und nach 1949 in der Irischen Republik ging es Dublin besser als dem Rest Irlands, doch wirtschaftliche Probleme setzten der Stadt zu. Gebäude und ganze Straßenzüge aus georgianischer Zeit verfielen. Erst ab den 1980er-Jahren sorgten Sanierungsprogramme für den Bestand.

Dichter & Erzähler

Gemessen an ihrer Größe hat die Stadt überdurchschnittlich viele berühmte Schriftsteller hervorgebracht. Drei Söhne Dublins erhielten den Nobelpreis für Literatur!

Neben Dublins Nobelpreisträgern George Bernard Shaw, William Butler Yeats und Samuel Beckett gab es zahlreiche weitere herausragende Autoren. Jahrhundertelang wurde die Schreibtradition in den verrauchten Dubliner Bars gepflegt, jeden Winkel der Stadt scheint sie zu durchdringen. Auf Schritt und Tritt begegnen Ihnen James Joyce (1882–1941), Oscar Wilde (1854–1900) und Brendan Behan (1923–1964), überall tauchen Sie ins literarische Bewusstsein Dublins ein: überfüllte Bars, die Umgangssprache der Dubliner, verfallende Bauten und georgianische Fassaden – all das wirkt vertraut aus den legendären Geschichten der Stadt.

Die irische Literaturtradition reicht sogar zurück bis in die keltische Zeit, bewahrt von Dichtern und Erzählern in Liedern und Legenden. Und Bibeln wie das »Book of Kells« (S. 86) mit seinen kunstvollen Buchmalereien sind Beispiele für den hohen Stellenwert des geschriebenes Worts, zumal des göttlichen, von Mönchen bewahrt.

Reiches Erbe

Der erste große Schriftsteller in Irland, der auf Englisch publizierte, war der Satiriker Jonathan Swift (S. 24), Absolvent des Trinity College

Ins richtige Licht gerückt

Die Trilogie des 1958 geborenen Autors Roddy Doyle über den Alltag der Dubliner Arbeiterklasse (»Die Commitments«, »The Snapper« und »Fish & Chips«) zeigte dem internationalen Publikum eine Seite der Stadt, die nichts mit den Irland-Klischees zu tun hatte, denen sich bis dato vor allem irischstämmige US-Amerikaner gerne hingegeben hatten. Ihr großer Erfolg markierte einen Wendepunkt in der Selbstwahrnehmung Dublins als zeitgemäße europäische Großstadt.

Denkmal für Oscar Wilde am Merrion Square (o.); William B. Yeats (re.)

Lässig: Skulptur von James Joyce im Hof des Hotels Merrion (u.)

und Autor von »Gullivers Reisen« (1726). George Farquhar (ca. 1677 bis 1707), Zeitgenosse Swifts, verfasste populäre Komödien.

Mitte des 19. Jh.s traten die beiden Dubliner Romanciers Joseph Sheridan Le Fanu (1814–1873) und Bram Stoker (1847–1912) mit einem neuen Genre in Erscheinung: der »gotischen« Schauerliteratur. Le Fanu, der sich nach dem Tod seiner Frau im Jahr 1858 völlig zurückgezogen hatte, schrieb seine berühmtesten Werke »Uncle Silas« und »The House by the Churchyard« (dt.: Das Haus beim Kirchhof) zwischen Mitternacht und Morgengrauen – so suchte er seine Besessenheit vom Tod und vom Übernatürlichen zu überwinden. Inspiriert von Le Fanu, begann Stoker seine literarische Karriere als unbezahlter Theaterkritiker der »Dublin Evening Mail«. Sein Hauptwerk, »Dracula«, wurde zwar gut aufgenommen, aber erst nach seinem Tod zum durchschlagenden Erfolg, nachdem es im Jahr 1924 als Theaterstück veröffentlicht worden war.

Literarisch raffiniert

Die Qualität der irischen Literatur des 19. Jh.s zeigt sich vor allem in den komplexen Stücken von George Bernard Shaws (S. 95), u. a. in »Pygmalion«, »Die heilige Johanna« und »Helden«. Das trifft auch auf Werke des Dichters und Dramatikers Oscar Wilde (S. 104) zu, der mit »Lady Windermeres Fächer«, »Ein idealer Gatte« und »Ernst sein ist alles« Weltruhm erlangte. Die Werke dieser beiden Dubliner waren maßgeblich für das britische Theater von den 1880er-Jahren bis zum Zweiten Weltkrieg, das Goldene Zeitalter der Dubliner Literatur: 1925 erhielt Shaw den Nobelpreis. Dem Wunsch nach nationaler Autonomie verlieh W. B. Yeats (1865–1939), Mitglied des Irish Free State Senate und der nationalistischen Irish Republican Brotherhood, in Stücken wie »Cathleen ni Houlihan« und dem Gedicht »Easter 1916« mit den eindringlichen Zeilen Ausdruck: »Alles änderte sich vollständig / Furchtbare Schönheit entstand.« Yeats war vor allem für seine Gedichte berühmt, für die er 1923 den Nobelpreis erhielt. Seiner Meinung nach war Seán O'Casey (1880–1964) ein literarisches Genie. Dessen frühe Stücke – u. a. »Der Rebell, der keiner war«, »Juno und der Pfau« – zeigten Zivilisten als die eigentlichen Opfer des Bürgerkriegs – für viele eine unbequeme Wahrheit, was nicht selten zu Ausschreitungen bei den Premieren seiner Stücke führte.

Die Stadt als Darsteller

So authentisch wie keinem anderen irischen Autor gelang es James Joyce (1882–1941; S. 133), Dublin in Romanen wie »Dubliner«, »Ein Porträt

Türknauf und Hinterhof des Geburtshauses von G. B. Shaw (li). Illustration aus »Gullivers Reisen« (Gulliver's Travels, ab 1726; re.): Der Roman von J. Swift hat vier Teile, jeder Teil entspricht einer Reise, u. a. nach Liliput.

Auf ein Pint ins McDaid's – in Erinnerung an irische Literaturgrößen

Literaturpubs

★ Brendan Behan und Patrick Kavanagh waren Gäste im **Duke** (S. 173).

★ **McDaid's** (S. 112) war ein beliebter Treffpunkt von Behan, Kavanagh und Flann O'Brien. Außerdem spielt hier James Joyce' Kurzgeschichte »Gnade«.

★ Flann O'Brien ging auch gerne ins **Neary's** (1 Chatham St., www.nearys.ie); Joyce war Stammgast im **The Stag's Head** (1 Dame Court, off Dame St., D 1).

★ **Toner's** (S. 112) war der einzige Pub, in den W. B. Yeats je einen Fuß setzte.

★ Im **Davy Byrne's** (S. 112) verspeist Joyce' Held Leopold Bloom im »Ulysses« ein Gorgonzola-Sandwich.

des Künstlers als junger Mann« und seinem genialen »Ulysses« zu verewigen. Weitere literarische Größen des Nachkriegs-Dublin sind der Dramatiker und Romancier Samuel Beckett (1906–1989; S. 88), ebenfalls Träger des Literaturnobelpreises, der Dichter Patrick Kavanagh und Brendan Behan, anti-englischer Rebell (und Alkoholiker). Bekannte Autorinnen und Autoren sind außerdem Edna O'Brien, Flann O'Brien, J. P. Donleavy, Maeve Binchy, Tana French und die Booker-Prize-Träger Roddy Doyle und John Banville (als Krimiautor auch »Benjamin Black«).

In der Tourist Information erhältlich ist die Broschüre »City of Words – Dublin's Literary Attractions« (mit Stadtplan; Download unter www.dublincityofliterature.ie/wp-content/uploads/City-of-Words-Leaflet-2014-1.pdf).

Flaggengeschmückt: Eingang zu den State Apartments im Castle

Die Großen der Nation

Kaum ein Besucher kann sich dem Wirken der Frauen und Männer entziehen, die die Geschichte Irlands prägten. Überall in Dublin lebt die Erinnerung an sie in Straßennamen und Denkmälern fort.

Der hl. Patrick verbreitete Anfang des 5. Jh.s das Christentum auf der Insel. Er soll das Land der Legende nach unter Einsatz seines Bischofstabs von Schlangen befreit haben. Es heißt, er habe den Iren mithilfe eines dreiblättrigen Kleeblatts das Wesen der Dreifaltigkeit erklärt. Das Kleeblatt ist dadurch zum nationalen Symbol Irlands geworden.

Jonathan Swift (1667–1745)

Der Satiriker, Politikjournalist und Geistliche Jonathan Swift war 1713 bis 1745 Dekan an der St Patrick's Cathedral. In dieser Zeit entwickelte er sich zum Verfechter der wirtschaftlichen Selbstbestimmung Irlands und verfasste seine bekanntesten Werke. Die großartige Satire »Gullivers Reisen« (S. 21) wird heute (heftig bearbeitet und auch entschärft) als Kinderbuch eingeordnet, ist aber eigentlich eine der eindrücklichsten Beschreibungen menschlicher Verrücktheit, die je verfasst wurden.

Theobald Wolfe Tone (1763–1798)
Der radikale protestantische Anwalt und »Vater der irischen republikanischen Bewegung« gründete 1791 die United Irishmen und hielt in der Tailor's Hall illegale Versammlungen ab. Geplante Aufstände scheiterten. Die erfolglose Rebellion 1798 wird als ausschlaggebend dafür angesehen, dass die britische Regierung 1801 den Act of Union und damit die Eingliederung Irlands ins Vereinigte Königreich durchsetzte.

Arthur Guinness (1725–1803)
Arthur Guinness war gerade einmal 34 Jahre alt, als er 1759 die stillgelegte Rainsford's Ale Brewery am St James's Gate kaufte, um aus gerösteter Gerste Guinness (S. 49) herzustellen. Sein Vermächtnis wehte lange als berauschender Malz- und Hopfengeruch durch Dublins Straßen und lebt in den Ländern fort, in denen Guinness heute ausgeschenkt wird.

Daniel O'Connell (1775–1847)
Der brillante Politiker, Anwalt und Redner Daniel O'Connell trug den Beinamen »der Befreier«. Er setzte 1829 die Katholikenemanzipation in Irland durch, d. h., die Katholiken erhielten mehr Rechte. Seine Anhänger rekrutierte er in gewaltfreien Massenversammlungen. Leider war es ihm nicht vergönnt, mithilfe seiner friedlichen Proteste die irische Autonomie zu erreichen, doch er wird noch heute von den Iren verehrt. Die Dubliner Magistrale wurde ihm zu Ehren O'Connell Street (S. 128) genannt.

Constance Markiewicz (1868–1927)
Die »Gräfin« Constance Markiewicz gehörte zum niederen anglo-irischen Landadel. 1908 verschrieb sie sich der Sache Irlands und trat Sinn Féin bei, einer irisch-nationalistischen Partei. Als eine Hauptakteurin des Osteraufstands (S. 47) entging sie nur aufgrund ihres Geschlechts der Hinrichtung. Sie war 1918 die erste Frau, die ins britische Unterhaus gewählt wurde, nahm aber den Sitz in London nicht an, man traf sich lieber als »First Dail« in Dublin.

Michael Collins (1890–1922; S. 105) kämpfte für die Freiheit Irlands. 1922 geriet er in einen Hinterhalt und wurde von der IRA erschossen.

Mary Robinson vertrat immer sehr fortschrittliche Ansichten, auch zur Gleichberechtigung der Frau.

Leo Varadkar ist überzeugt vom europäischen Ideal und setzt sich für eine demokratischere Union ein.

Mary Robinson (geb. 1944)
Im Jahr 1990 wurde Mary Robinson als erste Frau zur Präsidentin der Republik Irland gewählt. Robinson, die u. a. am Trinity College in Dublin Rechtswissenschaften studierte und mit 25 Jahren zur Juraprofessorin dort ernannt wurde, beeindruckt durch ihre in Irland bis dahin beispiellose Karriere und ihr politisches Engagement. Mit ihren für die 1980er-Jahre modernen Ansichten, u. a. zur Empfängnisverhütung, konnte die Verfassungsexpertin zunächst in der Politik kaum Erfolge erzielen, sie konzentrierte sich daher auf ihr juristisches Engagement. Es gelang ihr, vor dem Europäischen Gerichtshof in Straßburg zu erwirken, dass die Kriminalisierung von Homosexuellen in Irland als verfassungsfeindlich und als Verstoß gegen die Menschenrechte anerkannt wurde.

Nach ihrem Amt als Staatspräsidentin wurde Robinson 1997 zur UNO-Menschenrechtskommissarin ernannt. Seit 2014 ist die Streiterin für Gerechtigkeit als UN-Sondergesandte im Kampf gegen den Klimawandel aktiv.

Leo Varadkar (geb. 1979)
Taoiseach (sprich: »Tie-schock«) ist der offizielle Titel des irischen Premierministers, meist von der stärksten Partei gestellt. »Wir sind bereit für einen schwulen Taoiseach«, verkündete der »Irish Examiner« 2015 auf der Titelseite. Gemeint war Leo Varadkar, nach Ansicht der *Irish Times* »einer der fähigsten Politiker seiner Generation«. 2017 wurde der 1979 in Dublin als Sohn eines indischen Arztes und einer irischen Krankenschwester geborene Varadkar zum Parteivorsitzenden von Fine Gael und neuen Taoiseach ernannt. Der jüngste Premierminister, den Irland je hatte, bezeichnet seine politische Ausrichtung als »sozial- und wirtschaftsliberal«.

Austern & Guinness

In Dublin hat sich eine lebendige und kosmopolitische Esskultur entwickelt, es öffneten Dutzende schicke Restaurants. Die neue Internationalität boomt, im Kielwasser erleben selbst irische Klassiker eine Frischzellenkur.

Auch wenn Dublin in den letzten Jahren eine kulinarische Revolution erlebt hat, sind die einfachen Gerichte und schnörkellosen Aromen der traditionellen irischen Landküche immer noch auf vielen Speisekarten vertreten. Mit neuem gastronomischem Selbstbewusstsein besinnt man sich heute stolz auf das eigene kulinarische Erbe.

Die traditionelle irische Küche

Den Reiz der irischen Küche macht ihre Bekömmlichkeit aus: Sie ist geprägt von den Bedürfnissen einer einstigen Agrargesellschaft, die auf nahrhaftes Essen setzte. Fisch spielt eine große Rolle, auch Fleisch und Milchprodukte sowie Gemüse. In der Hauptstadt wird es Ihnen nicht schwerfallen, typische Gerichte wie Irish Stew (mit Hammel oder Lamm, Zwiebeln und Kartoffeln), Dublin Coddle (Eintopf mit Würstchen, Schinken, Zwiebeln und Kartoffeln) oder Boxtys (Kartoffelpfannkuchen mit diversen Beilagen) auf einer Speisekarte zu finden, Lamm oder Meeresfrüchte (frischer und geräucherter Lachs, Garnelen und Austern aus der Dubliner Bucht, die gerne mit einem Guinness kombiniert werden). Spezialitäten sind auch mit Nelken und braunem Zucker gebackener Schinken, serviert mit gekochtem Kohl, Rinderschmorbraten und ein herzhafter Auflauf aus jeder Menge Gemüse (Porree, Karotten, Kartoffeln). In Läden wählen Sie aus einem

Auf ein Schlückchen

Diese Drinks sollten Sie mal probieren:

- ★ ein gutes **Starkbier,** z. B. Guinness, Murphy's oder Darcy's.
- ★ **Baileys –** Er gehört weltweit zu den beliebtesten Likören und wird aus Whiskey und Sahne hergestellt. Eine nette Variante ist das »Baby-Guinness« – Kahlúa, garniert mit einer kleinen Baileys-Haube.
- ★ **Irish Whiskey –** Die Single Malts Jameson, Bushmills und Tullamore D. E. W. sowie die Blended Whiskeys (Mischsorten) Powers und Paddy sind empfehlenswert. Whiskey wird gerne zusammen mit einem Guinness getrunken. Mindestens drei Jahre, oft auch länger, lagert er in Eichenfässern und zeichnet sich durch einen sanften und sehr individuellen Geschmack aus.

Riesenangebot an irischem Käse. Auch das irische Brot und die Kuchen sind äußerst lecker: Sie sollten Sodabrot, *scones* (Teegebäck) und *barmbrack* (Hefe-Früchtebrot) probieren, Apfelkuchen und *porter cake* (dunklen Früchtekuchen, berühmt für die Zugabe eines Starkbiers, meist Guinness). Ein Irish Coffee (mit Sahne und Whiskey) rundet jeden Abend stilvoll ab.

Neu, neu, neu!

Die Starköche Dublins wie Gráinne O'Keefe geben mittlerweile einer leichteren, kreativeren Zubereitung den Vorzug. Heraus kommt eine moderne irische Küche, die sich an Experimente wagt: Verschiedene Farben, Geschmacksrichtungen und Kochstile fließen ein – und doch fühlt man sich weiterhin irischen Produkten bester Qualität und heimischen kulinarischen Themen verpflichtet.

Beim Blick auf die Speisekarte eines Dubliner Lokals wird einem so vielleicht ein typisches Dublin Coddle als Meeresfrüchte-Coddle ins Auge fallen oder auch irische Blutwurst mit einer Haube aus Blauschimmelkäse und Cider-Sorbet. Worauf auch immer die Wahl fällt – um es auf Irisch zu sagen: *Go mblaiseadh sé go maith!* (Möge es gut schmecken!)

Design & Architektur

Dem einstigen Image der Stadt – Guinness, Straßenmusiker und gemütliche Pubs – trat mit der Wirtschaftsblüte zu Beginn des 21. Jh.s eine mutige Moderne entgegen. Vor allem einheimische Architekten und Designer prägten die Erneuerung von Vierteln wie den Docklands.

Starkes Rot schafft Präsenz auf dem Platz vor dem Bord Gáis Energy Theatre

In Dublin tummelt sich eine Riege renommierter Designer, von denen viele am Dublin Institute of Design oder dem National College of Art and Design studiert haben. Der Boom zog zudem etliche Koryphäen aus aller Welt an. Dublin ist mittlerweile wie Irland überhaupt wieder auf dem Boden der finanziellen Tatsachen gelandet. Die Veränderungen im Stadtbild gehen weiter. Seit Langem geplante Bauprojekte wurden nach zeitweiligem Stillstand wieder aufgenommen, neue Gebäude entstanden und entstehen in auffallendem Design.

Akzente gegen den Niedergang

Über Jahrzehnte hinweg dämmerte das Dubliner Hafenviertel dem endgültigen Verfall entgegen.
Ab dem Jahr 2000 nahm die geplante Neugestaltung an den Ufern der Liffey jedoch Formen an: Brücken,

Dublins jüngste Schmuckstücke

★ **Dublin Spire** Mit 120 m ist der Spire (Abb. S. 122) das höchste Kunstwerk in Dublin. Die Spitze aus Edelstahl wurde 2003 mitten auf der O'Connell Street an der Stelle der Nelsonsäule errichtet, die 1966 gesprengt worden war.

★ **Convention Centre** Die schräg in einem blockförmigen Gebäude zu liegen scheinende, zylindrische Glaskonstruktion steht am Nordufer der Liffey – und diente während der Covid-19-Pandemie als Parlament.

★ **Grand Canal Square** Diesen riesigen Platz besetzen vor dem Theater große Leuchtstelen und Grünflächen aus Sumpfpflanzen. Der 2007 vollendete Platz liegt am Ufer des Grand Canal Dock.

★ **Bord Gáis Energy Theatre** Das Meisterwerk (früher Grand Canal Theatre) von Daniel Libeskind erhebt sich über den Grand Canal Square und wirkt besonders bei Dunkelheit spektakulär.

★ **Aviva Stadium** Das frühere Lansdowne Road Stadium wurde 2010 in ein hochmodernes Stadion mit transparentem Dach und 50 000 Plätzen umgebaut.

Türme, Theater und Apartments – die neuen Docklands vereinen städtische Aspekte und sind mit öffentlichen Verkehrsmitteln oder zu Fuß zu erreichen.

Als eines der ersten Projekte wurde die Seán O'Casey Bridge fertiggestellt, eine schicke Fußgängerbrücke direkt am chq Building, einem ehemaligen Tabakspeicher. Das von John Rennie entworfene Gebäude mit viktorianischer Gusseisenfassade wurde zu einem (nicht wirklich erfolgreichen) Shopping- und Restaurantzentrum umgebaut.

Etwas weiter östlich erreicht man Point Village, wo sich die 3Arena (S. 143) mit dem angrenzenden Gibson Hotel finden lässt. Andere Prachtbauten, wie der monumentale U2 Tower, wurden dagegen schlicht vor Baubeginn gestoppt.

Grand Canal Square

Auf der Südseite des Flusses findet man eines der beeindruckendsten Projekte der Docklands-Umgestaltung: Der von der US-amerikanischen Landschaftsarchitektin Martha Schwartz gestaltete Grand Canal Square ist einer der größten städtischen Plätze Europas. Tagsüber belebter öffentlicher Raum, abends effektvoll beleuchtete Kulisse für das Bord Gáis Energy Theatre, vor dem rot leuchtende Pfosten visuell einen roten Teppich kreieren. Namensgeber des verwinkelten Baus aus Stahl und Glas ist ein irischer Gas- und Energieversorger.

Grüne Oasen in der Stadt

Nur wenige assoziieren wohl Parks und Gärten mit Dublin, doch es gibt überraschend viele Grünflächen in der Innenstadt – Oasen der Entspannung oder schlicht Genuss für die Augen.

Die meisten Dubliner zieht es zum Relaxen in den Phoenix Park (S. 124). Er ist einer der größten Stadtparks der Welt und bietet üppiges Grün, uralte Eichen, Damhirsche, Denkmäler und darüber hinaus den Zoo. Andere verbringen ihre Mittagspause lieber im Archbishop Ryan Park, dem eleganten Garten des Merrion Square (S. 104) mit leuchtenden Blumenbeeten und ungewöhnlichen alten Straßenlaternen. Oder im St Stephen's Green (S. 96): zentral gelegen, dabei erholsam mit Teichen, Springbrunnen und Blumenrabatten.

Die Stadt verdankt ihren Namen dem »schwarzen Teich« (irisch: Dubh Linn), der sich ursprünglich an der Stelle befand, wo heute der

Bei den Städtern beliebt: der See in St Stephen's Green

Das in der Dubliner Bucht gelegene Vogelreservat Bull Island ist beliebtes Ziel für Wanderungen und Vogelbeobachtungen.

Dubhlinn Gardens liegen. Der Teich speiste sich vom Fluss Poddle, der unter der Burg (S. 60) hindurchfließt. Die Normannen hatten den Fluss als Wassergraben angestaut.

Mit Labyrinth und Wald

Insider steuern die ruhigen Iveagh Gardens an, sie sind nur einen Katzensprung vom St Stephen's Green entfernt (Haupteingang in der Clonmel Street). Es handelt sich um einen der schönsten Parks der Stadt, gleichzeitig einen der am wenigsten bekannten. Der mit Mauern begrenzte Garten gehörte ursprünglich zum Clonmel House, das bis 1940 im Besitz der Familie Guinness war.

Ein Aufenthalt in diesem Park mit seinem Labyrinth, den Grotten, Brunnen und dem Rosengarten sowie einem Waldstück lässt vergessen, dass man mitten in Dublin ist.

Versteckte Kleinode

Ein Stückchen Grün für die Augen gönnt man sich im Stadtzentrum im mit Skulpturen ausgestatteten Park der St Patrick's Cathedral oder im St Audoen's Park, der an die St Audoen's Protestant Church und die mittelalterliche Stadtbefestigung grenzt.

Auf der Northside bietet der nur zehn Gehminuten von der O'Connell Street entfernte kleine Park am Blessington Street Basin, einem ehemaligen Trinkwasserbecken, einen Ort der Erholung.

Der prachtvolle St Anne's Park and Rose Gardens Richtung Howth gehörte früher zum Familiensitz der Guinness. Heute sind die weitläufigen Waldstücke, hinter Mauern versteckten Gärten, Alleen, Schmuckteiche wie auch Rosengärten der Öffentlichkeit zugänglich.

Gegenüber dem Park liegt das Naturreservat North Bull Island in der Dubliner Bucht mit Strand, Dünen, Grasland und Sumpf. In dem Vogelschutzgebiet tummeln sich im Winter rund 25 000 Watvögel. Versäumen Sie es nicht, am Strand entlangzuspazieren.

Gärten zum Gedenken

Die War Memorial Gardens am Südufer der Liffey und westlich des Stadtzentrums sind den gut 49 000 irischen Soldaten gewidmet, die im Ersten Weltkrieg fielen. Der Park wurde vom englischen Architekten Sir Edwin Lutyens entworfen.

Der Garden of Remembrance an der Nordseite des Parnell Square wurde 1966 zum 50. Jahrestag des Osteraufstands eröffnet (S. 47) und erinnert an jene, die im Kampf um die Unabhängigkeit Irlands starben. An diesem Ort waren die Rebellen über Nacht gefangen gehalten worden. Die Bronzeplastik »Children of Lir« von Oisín Kelly am Rand des Parks spielt auf eine uralte Legende an: Sie zeigt die vier Kinder des Fürsten Lir, die von ihrer Stiefmutter für 900 Jahre in singende Schwäne verwandelt wurden.

Beachtenswert sind die Brunnenmosaiken, sie zeigen niedergelegte, teils zerbrochene Waffen.

Das Wellington Monument im Phoenix Park ist 62 m hoch und damit der größte Obelisk Europas.

Kunst, Mode und Gestaltung: Irinnen vor!

Möbel aus Chrom und Glas, die wieder und wieder kopiert werden. Kleider, die Stars aus Film und Musikbranche begeistern – der Erfolg gibt Eileen Gray und Louise Kennedy Recht.

Eileen Gray (1878–1976) hieß die legendäre Designerin, der das irische Nationalmuseum seit 2001 eine Dauerausstellung widmet. Bereits bei der Vorbereitung dazu gab es eine Überraschung, die die Geehrte amüsiert hätte: In einem ihrer auszustellenden Möbelstücke, einem kleinen Sekretär, kam ein verborgenes Fach zum Vorschein. Beim Öffnen bemerkte man, das es ein Täschchen mit Marihuana enthielt!

Ein Kind der Stadt

Typisch Gray: Die Mutter eine schottische Aristokratin, der Vater Landschaftsmaler, so war es nicht verwunderlich, dass die exzentrische Tochter zeitlebens diese beiden Welten vereinte und alles andere als kleinbürgerlich agierte. In Dublin hielt es die 1878 in der Grafschaft Wexford auf einem Landsitz geborene Eileen nur kurze Zeit aus, bereits als junge Erwachsene und nach Abschluss ihres Studiums ließ sie sich in einer Wohnung an der Seine in Paris nieder. Sie pflegte einen Lebensstil zwischen Bourgeoisie und Boheme.

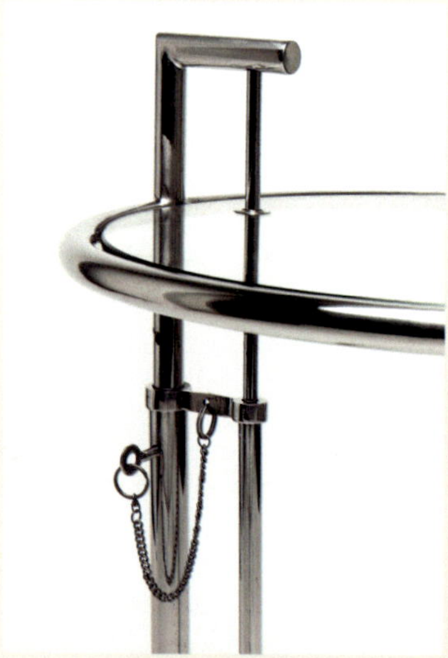

Der Tisch E 1027 erfreut noch heute Liebhaber der klaren Formen.

Bei aller Struktur wirkt der Raum doch wohnlich durch die Sessel Bibendum von Eileen Gray for ClassiCon.

Schnörkellos

Früh begann sie mit dem Entwurf exquisiter Lackmöbel; später, nachdem sich um 1920 die Bekanntschaft mit Le Corbusier und Gerrit Rietveld ergab, fand Eileen Gray auch zunehmend Freude an der Architektur.

Berühmt wurde der von ihr aus Glas und Chrom designte verstellbare Beistelltisch, der den Namen E (für Eileen) 1027 trägt. Sein nüchterner Stil prägte ebenso wie andere von Gray entworfene Möbelstücke maßgeblich das Design des frühen 20. Jahrhunderts. Er gehört noch heute zu den vielfach kopierten Möbelklassikern.

Verbunden mit großen Namen

Leider sind sie sich nie begegnet: Die 1960 in Dublin geborene Designerin Louise Kennedy ist im Bereich Mode nicht minder angesehen als ihre berühmte, 1976 verstorbene Kollegin Gray. Kennedy, gegenwärtig die erfolgreichste irische Modedesignerin, wurde einem größeren Publikum bekannt, als Mary Robinson (S. 26) bei ihrer Amtseinführung als neue Präsidentin der Republik ein Outfit von Kennedy trug. Kennedy, die auch eine der erklärten Lieblingsdesignerin von Cherie Blair, der Gattin des früheren britischen Premierministers Tony Blair (1997–2007), ist, entwarf für die Hollywood-Stars Meryl Streep und Andie McDowell, für die Sängerinnen Beyoncé und Kylie Minogue.

In Dublin besitzt die Modemacherin ein prächtiges, vierstöckiges georgianisches Townhouse – natürlich am Merrion Square (Nr. 56; www.louisekennedy.com). Der Flagship-Store ist gefüllt mit ihren Kollektionen. Besuchern steht es von Montag bis Samstag offen, und so können sie sich in aller Ruhe inspirieren lassen und kaufen. Wer weniger Wert auf Privatheit legt, probiert ihre Kleider und Anzüge bei Brown Thomas an.

Frühlingsblumen in Dublin – vor St Patrick's Cathedral grünt und blüht es prächtig.

Westliche Southside

Der Duft gerösteter Gerste weht hier manchmal zu prachtvollen Bauten wie St Patrick. Im Bereich Temple Bar tobt das Leben.

Seite 36–75

Erste Orientierung

Eine Perle ist das Viertel im Südwesten der Innenstadt sicher nicht. Und doch ist ein Gang durch die Straßen hier spannend, denn die versammelten Bauten, Gassen und Stätten erzählen die Geschichte Dublins, angefangen bei den Wikingern.

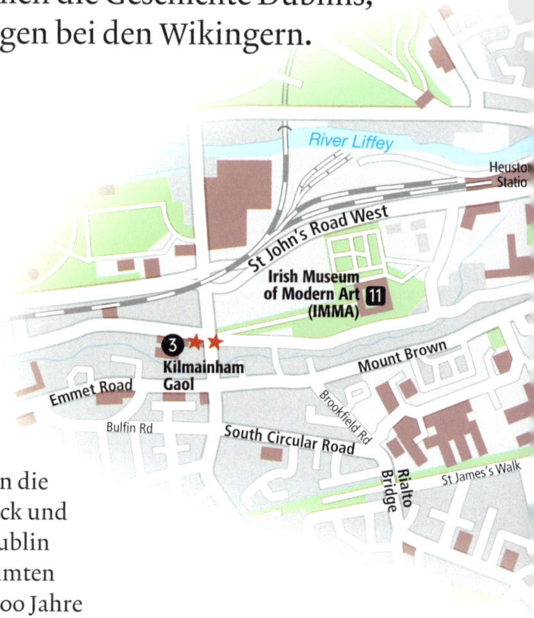

Direkt ins Mittelalter führen die beiden Kathedralen St Patrick und Christ Church, aber auch Dublin Castle – von hier aus bestimmten britische Beamte mehr als 700 Jahre lang über Irland.

Im Westen des mittelalterlichen Stadtkerns liegt ein Teil Dublins, der sich im Laufe der Jahre kaum verändert hat: Dazu zählen das Viertel Liberties mit seinen teils noch engen Gassen, das riesige Betriebsgelände der Guinness-Brauerei aus dem 19. Jh. und Kilmainham, Europas besterhaltenes Gefängnis des 18. Jh.s Letzteres ist heute eine Gedenkstätte zum irischen Freiheitskampf.

Im Osten folgt mit den beliebten Straßencafés und Pubs von Temple Bar das freundliche Kontrastprogramm. Einst marodes Hafenviertel, ist es heute eine angesagte Gegend mit Restaurants und Bars, die Tag und Nacht sehr belebt ist.

TOP 10

- ❸ ★★ Kilmainham Gaol
- ❹ ★★ Guinness Storehouse
- ❺ ★★ St Patrick's Cathedral
- ❻ ★★ Temple Bar
- ❾ ★★ Dublin Castle

Nach Lust und Laune!

- 11 Irish Museum of Modern Art (IMMA)
- 12 St Audoen's Churches
- 13 Dublinia
- 14 Christ Church Cathedral
- 15 City Hall
- 16 Powerscourt Townhouse
- 17 Whitefriar Street Carmelite Church
- 18 Marsh's Library
- 19 Irish Jewish Museum & Heritage Centre

Mein Tag mit Kunst und Kultur

Westlich des Stadtzentrums gelangen Sie ins Herz altirischer Geschichte. Zwischen Dublin Castle und St Patrick's Cathedral erwarten Sie ungewöhnliche Museen und eine unverstellte Atmosphäre in kunstverbundenen Cafés und extravaganten Shops. Inspirierend!

9 Uhr: Erst mal einen Überblick, bitte!

Es sind genau 96 Stufen, die in die Spitze des frühgotischen St Michael's Tower an der 13 Dublinia (S. 65) hinaufführen. Oben gibt es für die »Turmstürmer« sogar Ferngläser, doch schöner ist es noch, den Ausblick mit bloßem Auge zu genießen. Man muss es sich vor Augen führen: Teile der umliegenden Gebäude standen schon zur Zeit des Mittelalters hier.

11.30 Uhr: Inmitten der Schätze von Alt-Dublin

Es geht zunächst an der 14 Christ Church Cathedral (S. 65) vorbei. Einen Besuch in der mystisch wirkenden Krypta heben Sie sich am besten für einen Regentag auf.

Die Chester Beatty Library (S. 45) ist schnell erreicht und birgt eine (kostenlos zu besichtigende) Kunstsammlung von Weltrang. Werfen Sie aber erst einmal einen Blick auf den inspirierenden klei-

9 Uhr: Erst mal einen Überblick, bitte!

12.30 Uhr: Im alten Dublin und Fish & Chips bei Leo

14 Uhr: Zu Besuch bei Lady und Viscount Powerscourt

16 Uhr: Relaxen am Kamin

18.30 Uhr: Absacker im ältesten Pub der Stadt

17.30 Uhr: Konzert in der Kirche

11.30 Uhr: Inmitten der Schätze von Alt-Dublin

Die Christ Church Cathedral liegt neben der Dublinia, die sich der Geschichte Dublins widmet.

nen Zen-Garten auf der Dachterrasse und machen Sie ein Foto vom nahen ❾ ★★ Dublin Castle (S. 60).

Nun können Sie die Schätze des Museums nicht länger warten lassen. Am »wertvollsten« ist das, was Sie besonders anspricht. Kulturen aus Asien und dem Orient, jahrtausendealte Handschriften, Miniaturen und Ikonen – was hier von dem Reisenden und Sammler Alfred Chester Beatty (1875–1968) zusammengetragen wurde, ist einmalig.

Gesättigt von so viel Schönheit, sorgt der Besuch im Atriumhof des angeschlossenen Silk Road Cafés (S. 71) für neuen Appetit. Hier duftet es nach Kardamom, Kreuzkümmel und anderen Gewürzen.

12.30 Uhr: Im alten Dublin und Fish & Chips bei Leo

Nach der Küche der Seidenstraße locken die Gassen von Alt-Dublin nah an Temple Bar. Lassen Sie sich wieder von Ihrem Gefühl leiten und nehmen Sie dort einen Espresso oder eine Tasse Tee, wo Ihnen die Atmosphäre zusagt. Einkehrmöglichkeiten gibt es viele. Und sollte viel Betrieb in den Straßen und Gassen herrschen, machen Sie es wie die Dubliner – setzen Sie sich irgendwo dazu. Schnell kommen Sie ins Gespräch nach dem Motto »Isn't it a nice day today!«.

Fast immer ist die Schlange der hungrig Wartenden bei Leo Burdock (S. 70) lang – einem »Fish &

Auf engstem Raum: Schmuck am Dublin Castle (M.), die Chester Beatty Library (re. o.) und Temple Bar, das bunteste Viertel der Stadt

Chips«-Laden, der Kultstatus genießt und wo schon Mick Jagger frittierten Haddock zum Mitnehmen orderte.

14 Uhr: Zu Besuch bei Lady und Viscount Powerscourt

Im historischen Dublin findet Shopping im prächtigen, georgianischen **16** Powerscourt Townhouse (S. 67) statt: Üppige Stuckdecken und glänzende Mahagoni-Treppen sind ein toller Rahmen für die vielen kleinen Galerien und exklusiven (Kunst-)Boutiquen, die auch auf engem Raum Ansprechendes bieten.

Wenn Ihre Planung es erlaubt, sollten Sie möglichst an einer Tour of the Historic Powerscourt Centre (aktuelle Zeiten im Internet erfragen) teilnehmen, bei der Sie nicht nur das Ankleidezimmer der einstigen Bewohnerin, ihr Musikzimmer und die Küche besuchen, sondern auch – die Iren sind begnadete *story teller* – so manch amüsante Geschichte hören.

In der abendlichen Stimmung der St Patrick's Cathedral erklingt der Evensong.

16 Uhr: Relaxen am Kamin

Nehmen Sie auf den mintgrünen oder fuchsienfarbenen Samtsesseln bei Farrier & Draper im 16 Powerscourt Centre Platz und genießen Sie eine Tasse Earl Grey oder einen Baileys Coffee. Dabei sind Sie umgeben von den After-Work-Gesprächen der Dubliner.

17.30 Uhr: Konzert in der Kirche

Was für eine Akustik: In der 5 ★★St Patrick's Cathedral (S. 55), der größten Kirche der Insel, die Irlands Nationalheiligem geweiht ist, empfängt Sie von Montag bis Freitag der sogenannte Evensong: 30 Minuten lang erklingen Choräle,

So schön lässt sich der kultursinnige Tag beschließen: im Brazen Head bei einem großen Guinness.

die berühren. Anschließend sollten Sie noch zumindest einen der außergewöhnlichen Orte aufsuchen, von denen diese Kathedrale so viele besitzt: Gegenüber dem Haupteingang markiert ein Kreuz jene Stelle, an der der hl. Patrick mit dem Wasser der dort einst entspringenden Quelle die Gläubigen taufte.

18.30 Uhr: Absacker im ältesten Pub der Stadt

Nach einem solchen Tag darf es jetzt nicht irgendeine Kneipe sein: Allein der Brazen Head (S. 75), Dublins ältester Pub, kommt für den Ausklang infrage. Vielleicht probieren Sie das hausgemachte »Atlantic Seafood Chowder«. Ab 21.30 Uhr gibt es irische Livemusik – lauschen und genießen!

Chester Beatty Library
✉ Dublin Castle
🌐 www.chesterbeatty.ie
Mo–Fr/Sa 9.45–17.30, Mi bis 20, So 12–17.30 Uhr, Nov.–Feb. Mo geschl. frei

Tours of the Historic Powerscourt Centre
✉ Treffpunkt Eingang South William St., Infos im Erdgeschoss des Centre
🌐 www.powerscourtcentre.ie/tours
ca. 1 Std. 8 €

3 ★★ Kilmainham Gaol

Warum?	Die hiermit verbundene Vergangenheit prägt den Blick der Iren auf die Gegenwart
Was?	Gefängniszellen und ein Hof, in dem Rebellen erschossen wurden
Wie lange?	Anderthalb Stunden
Wann?	Während der Wintermonate, wenn die Zellen eisig kalt sind
Was nehme ich mit?	Leichte Gänsehaut, ausgelöst durch die traurige Atmosphäre, die über diesem Ort liegt

Ein Besuch in den dunklen, feuchten Zellen eines leer stehenden alten Gefängnisses klingt zunächst nicht gerade verlockend. Das Kilmainham Gaol vermittelt jedoch einen berührenden Einblick in einige der wichtigsten und bewegendsten Episoden der irischen Vergangenheit.

Historische Momentaufnahmen

Mit Éamon de Valera (1882 bis 1975) schritt einer der letzten Gefangenen des Gaol in die Freiheit. Er wurde später zum Regierungschef und Präsidenten von Irland gewählt.

In den rund 140 Jahren ab Errichtung des Gefängnisses 1796 waren hier viele Helden der Nation eingekerkert. Heute ist es als Symbol für den langen und harten Freiheitskampf der Öffentlichkeit zugänglich. Nicht von ungefähr wurde das abschreckende Kilmainham Gaol oft mit der Bastille in Paris verglichen – es wirkt ebenfalls wie eine graue Festung.

Ab 1786 wurde das »Neue Gefängnis« auf einem Hügel etwas außerhalb der Stadt gebaut, ohne Trennung der Gefangenen nach Alter und Geschlecht, und immer wieder auch für Aufständische genutzt. Binnen kurzer Zeit bevölkerten Rädelsführer und Aufständische die Zellen. 1803 wurden Robert Emmet und 200 seiner Gefolgsleute nach erfolgloser Rebellion eingekerkert. Der irische Freiheitsheld hielt noch einen Tag vor seiner Hinrichtung bei seinem Prozess eine flammende patriotische Rede, um die nächste Generation wachzurütteln.

Pro-irischer Kampf, mit und ohne Gewalt

Als Fenians (Fenier) werden die Mitglieder einer nationalistischen, militanten Irish Republican Brotherhood bezeichnet, am St Patrick's Day 1858 in Dublin gegründet. Ab 1867

saßen Fenians in Kilmanham ein. Später entsprangen sich aus der Bewegung verschiedene nationalistische Zweige, die außer in Irland auch in den USA und Großbritannien aktiv waren. Aus ihnen ging auch die IRA (Irish Republican Army) hervor. 1905 rief einer der Mitglieder, Arthur Griffith, die pro-irische Partei Sinn Féin (»Wir selbst«) ins Leben.

In diesem ehemaligen Gefängnis im Stadtteil Kilmainham möchte wohl niemand sein; trostlos sind die massiven Metalltreppen und Zellenreihen.

Der Anführer der irischen Home-Rule-Bewegung, die sich für die Selbstständigkeit des irischen Parlaments einsetzte und Gewalt ablehnte, war im Jahr 1881 sechs Monate inhaftiert: Charles Stewart Parnell. Er handelte mit dem britischen Premierminister William Gladstone den Vertrag von Kilmainham aus, in dem beide Seiten Zugeständnisse machten.

Erst 2005 erklärte die IRA das Ende des bewaffneten Kampfes.

Zu Beginn des Ersten Weltkriegs diente Kilmainham als Soldatenunterkunft, zwei Jahre später wurden die am Osteraufstand von 1916 beteiligten Rebellen hier eingesperrt.

Der Osteraufstand 1916

Irische Republikaner schlossen nach 1914 einen Pakt mit Deutschland, der Kaiser lieferte Waffen, die Iren dienten sich als Fünfte Kolonne an. Aber nichts wollte richtig klappen.

Die zum Tode verurteilten Osterrebellen wurden im kahlen Hof des Kilmainham Gaol hingerichtet (außer Roger Casement, der in London gehängt wurde): Darunter waren

Pádraic Pearse, Joseph Plunkett, Tom Clarke und James Connolly (S. 61).

Plunkett trat nur zwei Stunden, nachdem er in der Gefängniskapelle Grace Gifford das Ja-Wort gegeben hatte, vor das Erschießungskommando. Hinrichtungen machten aus den 14 Anführern nicht nur Märtyrer, sondern brachte die Bevölkerung endgültig gegen die britischen Machthaber auf. Daher hat das Kilmainham Gaol inzwischen für viele Iren eine besondere Bedeutung.

Zugang zum Kilmainham Gaol Museum

Das Gefängnis heute

Nach seiner Schließung verfiel Kilmainham Gaol, aufgrund seiner historischen Bedeutung begann man 1960 jedoch mit der Restaurierung des größten stillgelegten Gefängnisses in Europa. Heute kann man den Bau im Rahmen einer Führung besichtigen.

Bereits die düstere Fassade des Gebäudes wirkt abweisend: Durch eine massive Tür, die auch die Verurteilten passierten, gelangt man ins Innere. Über den fünf ineinander verschlungenen Bronzeschlangen über dem Tor, den »Fünf Teufeln von Kilmainham«, befindet sich der Haken, an dem bei öffentlichen Erdhängungen das Seil befestigt wurde. Im Hauptraum dokumentieren Schaukästen voller Schriftstücke und Erinnerungsstücke der Insassen die Geschichte des irischen Freiheitskampfs.

KLEINE PAUSE

Im behaglichen **Kilmainham Gaol Café** gibt es heiße Schokolade und italienische Kaffeespezialitäten.

---

186 B4
Inchicore Rd., Kilmainham, D8
01 4 53 59 84
www.kilmainhamgaolmuseum.ie

tgl. Jan.–Dez. 9.30–17.15, Juni–Aug. bis 18 Uhr 8 €
Bus 69 (ab Aston Quay); Hop-on-Hop-off-Busse; LUAS: Suir Road

❹ ★★ Guinness Storehouse

Warum?	Sehen, riechen und schmecken, wo und wie das Stammgetränk der Dubliner gebraut wird
Was?	Ein hypermodernes Museum
Wie lange?	Mindestens zwei Stunden
Wann?	Ab Mittag, vorher schmeckt kein Pint
Was noch?	Inbegriffen ein Glas Guinness in der rundum verglasten Gravity Bar über den Dächern der Stadt
Was nehme ich mit?	So also zapft man das perfekte Pint!

Seit Jahrhunderten steht Guinness synonym für Irland – und insbesondere für Dublin. Die Geschichte der Stadt und Arthur Guinness' Brauerei am James's Gate sind untrennbar miteinander verquickt.

Die Anfänge

Guinness ist eine der größten Erfolgsstorys Dublins. 1759 pachtete Arthur Guinness, Sohn eines Bierbrauers, im Alter von 34 Jahren eine kleine, stillgelegte Brauerei an dieser

Die Guinness-Brauerei ist eines der beliebtesten Ziele in Dublin.

Pro Tag werden über 2,5 Mio. Pints produziert. Davon geht die Hälfte in Irland über die Theke, auch bei Verkostungen (o. r.).

Stelle für die sagenhafte Dauer von 9000 Jahren und für 45 irische Pfund pro Jahr. Der Pachtvertrag ist heute im Eingangsbereich des Museums im Boden eingelassen. Nachdem er eine Weile Ale gebraut hatte, begann er »porter« herzustellen – ein dunkles Bier, das geröstete Gerste enthielt –, das sich in ganz Irland schnell wachsender Beliebtheit erfreute und einen Anteil am britischen Markt eroberte.

Auch andere Dubliner Bierbrauer verlegten sich auf Porter, sodass Arthur auf ein stärkeres Bier setzte, das er »extra stout porter« nannte. Dafür wurde stark gerösteter Hopfen verwendet, der dem Bier seinen unverwechselbar bitteren Geschmack verlieh. Guinness – das »schwarze Gold« – war geboren: ein schweres, dunkles Gebräu mit einer cremigen Schaumkrone, die zum Markenzeichen wurde. Bald war es als »stout« (Starkbier) bekannt und sehr gefragt.

Als Guinness 1886 den Börsengang wagte, hatte sich die ursprünglich 1,6 ha große Fabrik zur damals weltweit größten Brauerei mit mehr als 2600 Mitarbeitern entwickelt. Arthur starb 1803, hatte aber mit zehn überlebenden Kindern reichlich Erben, und so ist die Brauerei bis heute teilweise im Familienbesitz.

Selbstversorger

Allein in Dublin produzierten im 19. Jh. ganze 55 Brauereien Bier, die Konkurrenz war also erheblich – die Zahl der Kunden aber auch. Angeblich befanden sich in einem Drittel aller Häuser Kneipen. Ale gehörte zum Alltag, und Bier war allemal gesünder als das schmutzige Wasser, das es damals in Dublin gab. Sogar Babys wurde lieber ein Schlückchen schwaches Ale verabreicht als Milch. Schätzungen zufolge verdiente einmal über ein Drittel der Bevölkerung Dublins sein Geld mit Guinness. Beim Anblick der Brauerei (etwa vom Nordufer der Liffey) glaubt man das gern: Sie wirkt wie eine Stadt in der Stadt, und ihre Wohlgerüche ziehen im Wind mit. Eigene Züge verkehrten zwischen der Fabrik und der nahen Heuston Station, Lastkähne schipperten Fässer die Kanäle entlang, auch eine kleine Flotte Dampffrachter gehörte dazu.

Heute erstreckt sich die Brauerei über 26 ha in der Innenstadt, verfügt über ihre eigene Wasser- und Energieversorgung, sogar einen Krankenwagen mit Guinness-Logo. Das Bier genießt man weltweit in vielen Ländern.

Spektakulär – für alle Sinne

Ein berauschender Duft begleitet Besucher vom Eingang des Guinness Storehouse, es geht vorbei an einer beeindruckenden »Skyline« aus Schornsteinen, Lagerhäusern und -tanks bis ins Herz einer der größten Brauereien Europas. Das Museumsgebäude ist an sich schon spektakulär: Anstatt den alten Industriebau zu entkernen und alles hinauszuwerfen, was an frühere Tage erinnert, haben die Architekten unverkleidete Eisenträger, nicht mehr funktionstüchtige Maschinen und alte Fässer an Ort und Stelle gelassen oder geschickt in die Ausstellung miteinbezogen. Das Gerüst des alten Gebäudes wurde komplett freigelegt, in der Mitte des Raums wurden die Besichtigungsgalerien im Rund so angelegt, dass sie ein riesiges Pintglas bilden.

Die Ausstellung im Storehouse erstreckt sich über sieben Stockwerke eines genial umgebauten Lagerhauses.

MY GOODNESS – MY GUINNESS!

... heißt es nicht nur in Irland, sondern in 150 Ländern auf dem Globus. Das schokoladenfarbige Bräu, seit 250 Jahren in Dublin zu Hause, ist ein irischer Exportschlager dank konsequenter Markenpolitik und einer genialen Werbekampagne.

▶ **Guinness erobert die Welt**
Seit 2007 ist das Guinness-Bier in 150 Ländern erhältlich und wird in 50 Ländern gebraut.
Eine Auswahl:

▶ **Die Guinness-Dynastie**
Eine Erfolgsgeschichte seit mehr als 250 Jahren

1750	1800	1850
1755 Arthur Guinness arbeitet als Brauer im County Kildare. **1759** Arthur Guinness unterzeichnet einen Pachtvertrag über 9000 Jahre für die Dubliner St. James's Gate Brauerei. **1769** Der erste Export: Sechseinhalb Fass Guinness verlassen Dublin mit einem Schiff in Richtung England. **1799** Guinness braut nur noch Porter.	**1801** Erster Export von West India Porter in die Karibik. **1803** Arthur Guinness stirbt. Sein Sohn Arthur Guinness II. führt die Brauerei weiter. **1833** Trotz wirtschaftlicher Flaute in der nachnapoleonischen Ära wächst Guinness weiter und wird zum größtem Arbeitgeber für Fassbinder. **1834** Die Glassteuer wird abgeschafft. Fortan wird das Bier in Glasflaschen und nicht in Steingut abgefüllt.	**1850** Sir Benjamin Lee Guinness, Sohn von Arthur Guinness II, übernimmt das Familienunternehmen. Er wird Oberbürgermeister von Dublin. **1868** Die irische Harfe und die Unterschrift von A. Guinness werden als Markenzeichen eingeführt. **1893** T.B. Case wird der erste Mitarbeiter mit Universitätsabschluss. Bierbrauen wird nun zu einer Wissenschaft.

Guinness weltweit
Es gibt nicht nur ein Guinness. Je nach Konsumentengeschmack und klimatischen Verhältnissen werden unterschiedlich starke Sorten gebraut.

Bierkonsum
Nicht nur die Iren trinken gerne Bier: weltweiter Bierkonsum pro Kopf in Litern (2015)

Tschechien	142,4
Seychellen	114,6
Deutschland	104,7
Österreich	104,7
Namibia	102,7
Polen	99
Irland	97,5
Litauen	97,1
Belize	94,7
Rumänien	92,1

1900

1906 sind rund 3240 Mitarbeiter bei Guinness beschäftigt. Mit deren Familien macht das rund 10 000 Menschen. Damit ist einer von 30 Dubliner Bürgern vom Erfolg des Bieres abhängig.

1929 »Guinness Is good for you«! Der auch heute bekannte Slogan taucht zum ersten Mal in einer britischen Tageszeitung auf.

1936 Der Export bleibt trotz des Krieges bis 1944 nahezu aufrechterhalten. Erst gegen Kriegsende bis Juli 1947 muss er eingestellt werden.

1950

1959 200. Jahrestag der Gründung. Die erste Guinness-Zapfsäule wird in den britischen Pubs aufgestellt.

1960 Nigeria erlangt die Unabhängigkeit vom britischen Königreich. Ab 1963 wird Guinness direkt in Nigeria gebraut und ist somit die erste Guinness-Brauerei außerhalb Irlands und Großbritanniens.

2000

2001 Weltweit werden 2 Milliarden Guinness-Pints getrunken – jeder erwachsene Ire trank 2016 508 Pints, 2013 waren es nur 411.

2007 Guinness wird in 150 Ländern getrunken und in 50 Ländern vor Ort gebraut.

2009 Guinness feiert 250 Jahre Brautradition.

In der Gravity Bar kann man sich vom Geschmack des Guinness überzeugen.

Es gluckert und zischt

Vitrinen mit den Zutaten für Guinness sind zu Beginn neben einem donnernden Wasserfall dramatisch in Szene gesetzt. Das Bier wird nach einfachem Rezept aus in Irland angebauter Gerste, Hopfen, Bierhefe und Wasser hergestellt – Letzteres stammt aus den Wicklow Mountains und nicht, wie gerne behauptet wird, aus der Liffey. Geräusche und Gerüche begleiten den veranschaulichten traditionellen Brauprozess: In den Maschinen klirrt, gluckert und poltert es; man vernimmt das Stimmengewirr der Männer, die einst hier arbeiteten, und riecht den satten schweren Geruch von Hopfen, heißem Metall, von Schweiß und Dampf. Man darf sogar Kupferkessel und Fässer betreten, sie fassen 405 000 l – das sind 713 000 Pint Guinness!

»My Goodness my Guinness« – den Slogan von ca. 1929 begleitete die Darstellung von Zootieren.

KLEINE PAUSE

Am Ende der Tour bringt Sie ein Lift quasi zur Schaumkrone des Museums: in die **Gravity Bar** im siebten Stock.

---

i

187 D4 ✉ St James's Gate, D8
☎ 01 408 48 00
www.guinness-storehouse.com/de/
Mo–Fr 10–19, Sa 9.30–20, So 9.30–19 Uhr ab 26 €
Bus 123 (von O'Connell St.); LUAS: James's; die Sightseeing-Busse halten ebenfalls hier

❺★★ St Patrick's Cathedral

Warum?	Hier ist das spirituelle Herz der Hauptstadt
Was?	Berührt werden von diesem Bollwerk des Glaubens
Wie lange?	Mindestens eine Stunde, gerne mehr
Wann?	Am frühen Morgen oder späten Nachmittag
Was noch?	Ein Spaziergang durch den St Patrick's Park
Was bleibt?	Das gute Gefühl an einem gesegneten Ort gewesen zu sein

Der Legende nach entstand die Kathedrale nahe einer kleinen Quelle, wo der hl. Patrick im 5. Jh. die von ihm zum Christentum Bekehrten taufte. Ein Stein markiert heute die Stelle im benachbarten St Patrick's Park, an der sie sprudelte. Der Heilige soll das Wasser, dem man jahrhundertelang Heilkräfte zuschrieb, aus dem Boden hervorgelockt haben. Bereits um 450 soll an diesem mit dem hl. Patrick verbundenen Ort eine kleine Kirche aus Holz gestanden haben.

St Patrick's ist eine von zwei Kathedralen in Dublin.

Im Jahr 1212 wurde dann eine steinerne Pfarrkirche zur Kathedrale erhoben. Sie wurde im Laufe der Zeit umgebaut, doch im 19. Jh. war sie in einem so erbärmlichen Zustand, dass man sich zur Restaurierung und dem Wiederaufbau zu großen Teilen entschloss – gestiftet wurden die Maßnahmen von der Familie Guinness. Leider blieb dabei wenig vom ursprünglichen Bau erhalten.

Schätze der Kathedrale

Der leidenschaftliche Sozialreformer, Satiriker und Autor von »Gullivers Reisen«, Jonathan Swift (S. 24), war der berühmteste Dekan von St Patrick's. Er bekleidete das Amt von 1713 bis 1745 und wurde im Kirchenschiff bestattet. Eine

Wappenbanner der St-Patrick's-Ritter über dem Chorgestühl zieren den langen Chor der Kathedrale St Patrick's.

Messingplatte gleich rechts neben dem Eingang weist auf die Ruhestätte. Seine (in Latein) selbst verfasste Grabinschrift lautet: »Hier ruht Jonathan Swift, Doktor der Theologie, Dekan dieser Kathedrale, wo wilde Empörung nicht länger das Herz zerfleischt, / Geht, ihr Reisenden, und tut es diesem ernsten und engagierten Helden der Freiheit gleich, wenn ihr vermögt.« An Swifts Seite ist seine Gefährtin »Stella« (Esther Johnson) beerdigt, mit der er lange und wohl platonisch befreundet war. Swifts Totenmaske, Stuhl, Schreibpult und die Kanzel befinden sich hier.

Seit dem 19. Jh. ist die Kathedrale neugotisch gestaltet.

Auch das Grabmal der Boyle-Familie aus dem 17. Jh., Irlands größte Orgel und Mahnmale für irische Soldaten, die in den Kriegen des British Empire ihr Leben ließen, sind in der Kathedrale anzuschauen. In der Lady Chapel (13. Jh.) steht jener Stuhl, auf dem angeblich Wilhelm III. von Oranien am 6. Juli 1690 die Messe hörte. Das war nach der Schlacht von Boyne, in der er seinen Thronkonkurrenten Jakob II. geschlagen hatte.

Der Besuch lässt sich schön mit jenem in der Marsh's Library (S. 69) nebenan verbinden. Sie ist die älteste öffentliche Bibliothek Irlands. Wobei man der Kundschaft nicht immer traute ... mit besonders wertvollen Büchern wurden die Leser in Käfigen eingeschlossen, um Diebstähle zu verhindern.

KLEINE PAUSE

Von der Kathedrale geht es einen kleinen Hügel hinauf. Dort tischt das lässige Café **Bite of Life** täglich ab 8 Uhr (www.biteoflife.com, Sa/So ab 9 Uhr) Kaffee, hausgemachte Suppen, Kuchen u. a. auf.

---

190 B1
St Patrick's Close, D8
01 453 94 72
www.stpatrickscathedral.ie
Mo–Fr 9.30–17, Sa 9–17, So 9–10.30, 13–14.30, im Sommer auch So 16.30–18 Uhr
8 €
Bus 49, 54A, 56A (Eden Quay)

❻ ★★ Temple Bar

Warum?	Echt stark, wie sich dieser Bereich zum Partyviertel gemausert hat
Was?	Abtauchen im Bermuda-Dreieck der Stadt
Wie lange?	Ein Stündchen, gerne auch zwei
Wann?	Nachmittag bis Abend
Was noch?	Inspiration in den Kunstgalerien
Was bleibt?	Trinksprüche auf Irisch

Bunt, unkonventionell und eher laut präsentiert sich Temple Bar – das pulsierende Partyviertel der Stadt bündelt zeitgenössische Kunstszene und Entertainment. Seinen Namen verdankt es Sir William Temple, der das Land im 16. Jh. kaufte. Mitte des 17. Jh.s hatte es sich zum geschäftigsten Handelsviertel Dublins samt einem florierenden Hafen am Wellington Quay entwickelt (»Bar« steht für »Pfad am Ufer«). Als die Docks weiter gen Osten verlegt wurden, verfiel Temple Bar mehr und mehr.

Im neuen Gewand

Die Ernennung Dublins zur Europäischen Kulturhauptstadt 1991 löste eine Wiederbelebung aus, die das Viertel bis heute als Epizentrum der neuen Dubliner Blüte verankert hat. Die einstigen Lagerhäuser und Krämerläden, die sich an die engen, verwinkelten Kopfsteinpflastergassen schmiegen, wurden neu entdeckt, saniert und mit kühner zeitgenössischer Architektur in Einklang gebracht.

Ein besonderes Merkmal von Temple Bar sind seine vielen Cafés, Restaurants, Pubs und Bars, von denen viele auf Livemusik setzen – von irischer Fiddle-Musik bis hin zu Newcomern der Dubliner Szene. Noch in den 1990er-Jahren lief Temple Bar Gefahr, in der Welle wilder Junggesellenabschiedspartys und im Sauftourismus unterzugehen. Als kulturelles Gegengewicht wurde ein Sommerprogramm eingeführt: mit Straßentheater, Straßenkünstlern, Märkten, Konzerten, Open-Air-Kino auf dem Meeting House Square und Events wie dem Temple Bar Fleadh (sprich: *flah*) im März und einem Festival (S. 75).

Temple Bar liegt im Bezirk D2, also südlich der Liffey. Der Innenstadtbezirk D1 bezeichnet den Bereich nördlich des Flusses.

Kulturzentren

Die Spannbreite ist groß: Die Temple Bar Gallery (5–9 Temple Bar), die Graphic Studio Gallery (8a Cope St.) und das Photo Museum Ireland (Meeting House Square) stellt Arbeiten junger Künstler und Fotografen aus, gleichzeitg findet sich hier die fotografische Sammlung der National Library of Ireland mit tonnenweise historischen Aufnahmen aus diversen Archiven. Das Irish Film Institute und das Irish Film Archive (6 Eustace St.) zeigen u. a. Independent-Filme. Das Project Arts Centre (39 East Essex St.) gibt zwei Theatern und einer Galerie Raum. Interessant sind aber auch die spontanen Darbietungen von Straßenkünstlern – oder einfach mal »People Watching« vom Straßenrand aus.

Temple Bar: kleines Viertel mit großer Bar- und Pubdichte

KLEINE PAUSE

In Temple Bar reihen sich **Pubs und Restaurants** so dicht aneinander wie nirgendwo sonst in Dublin (S. 72). Es empfiehlt sich jedoch ein Preisvergleich, denn nirgendwo sonst in Dublin wird auch der Nepp so zur Königsdisziplin der Gastwirte erhoben.

---

190 C3
alle Busse in die Innenstadt; LUAS Jervis, DART-Halt: Tara Street

9 ★★ Dublin Castle

Warum?	Nachhilfestunde in Sachen jahrhundertelanger britischer Herrschaft
Was?	Anschauen, wie die Staatsgäste so empfangen werden
Wie lange?	45 Minuten
Wann?	Wenn man sowieso in Alt-Dublin unterwegs ist
Was noch?	»The Undercroft« aus dem Mittelalter – bei den Fundamenten der Burg wird's richtig spannend
Was nehme ich mit?	So also will Irland auf dem internationalen diplomatischen Parkett gesehen werden

Wer Sightseeing per Fahrrad unternimmt, hält natürlich auch am Castle.

Die Dubliner Burg ist das Herzstück des historischen Dublin. Über 700 Jahre lenkten die Briten von hier aus die Geschicke Irlands, heute witzeln die Dubliner über die Figur der Justitia über dem Tor, die der Stadt bezeichnenderweise den Rücken zudreht. Beim Anblick des architektonischen Stilmixes, der verwaschenen Ziegelfassaden und ruhigen Innenhöfe kann man allerdings kaum noch spüren, wie hier Geschichte geschrieben wurde.

Die Burg steht strategisch günstig auf einer Erhöhung über dem Zusammenfluss der Liffey mit dem Nebenfluss Poddle. Man vermutet, dass an dieser Stelle bereits in keltischer Zeit ein Ringfort existierte, später dann eine Wikingerfestung. Der englische König Johann befahl 1204 den Bau einer Burg mit Graben, Zugbrücke und Fallgitter: »eine Burg ... zur Aufbewahrung unseres Schatzes ... um in der Stadt Recht walten zu lassen und, wenn nötig, die Stadt mit Dämmen und dicken Mauern zu verteidigen.« Seit dieser Zeit war die Burg Sitz und zugleich Symbol der weltlichen Macht in Irland, bis sie 1922 dem Irish Free State übergeben wurde.

Eine starke Abwehr

Mehrere Versuche, das Bollwerk der britischen Herrschaft zu stürmen, scheiterten: Unter den Mutigen war auch Robert Emmet (1778–1803). Beim Osteraufstand 1916 (S. 47) ein neuer Versuch: Eine Handvoll Freischärler der Irish Citizens Army brachte den Eingangsbereich des mittlerweile als Krankenhaus genutzten Gebäudes unter ihre Kontrolle,

Edle Stoffe und Teppiche dämpfen die Geräusche im Salon der Staatsgemächer.

wurde aber schnell wieder von regulären britischen Truppen vertrieben. Ihr Anführer James Connolly wurde nach Niederschlagung der Rebellion verhaftet und schließlich im Kilmainham Gaol (S. 46) hingerichtet.

Umbau für die Macht

Wie eine Burg wirkt das Ensemble von Gebäuden schon lange nicht mehr. Im 18. Jh. war sie zu großen Teilen zum Zentrum der politischen Macht und zum Staatsgefängnis der englischen Krone umgebaut worden. Versammlungsräume und Amtsstuben entstanden rund um zwei Innenhöfe, dazu kamen luxuriöse Zeremonialräume für die britischen Vizekönige. Einige der Umbauten waren eigentlich nicht geplant, wurden aber nötig, als sich ein Feuer auf den Pulverturm ausbreitete und mit ihm ein großer Teil der Burg in die Luft flog.

Am 16. Januar 1922 wurden die Schlüssel der Burg der irischen Übergangsregierung übergeben. Michael Collins führte die Armee zur Burg, um die Besatzer abzulösen.

Sichtbare Überbleibsel der mittelalterlichen Burg sind u. a. die Fundamente des Bermingham Tower und weiterer

Der Bedford-Turm bei Nacht

Türme wie des Pulverturms. Direkt neben dem Record Tower wurde im Unteren Innenhof die neogotische Chapel Royal an der Stelle einer älteren Kirche erbaut.

Im Oberen Innenhof betreten Sie die wichtigsten Räume: Die Staatsgemächer nehmen die komplette Südseite des Hofs ein und sind Schauplatz glanzvoller Ereignisse, darunter Amtseinführungen der Präsidenten, offizielle Kulturevents, europäische Gipfeltreffen, Friedensgespräche und andere Staatsangelegenheiten. Hohe Persönlichkeiten werden hier in Gästezimmern untergebracht, wenn sie zu politischen Gesprächen anreisen. Die Führung folgt einer Reihe prunkvoller Zimmer aus dem 18. Jh., die mit kostbaren Stilmöbeln und riesigen Waterford-Lüstern (Abb. S. 141), handgeknüpften Donegal-Teppichen und beeindruckenden Kaminen des schottischen Architekten Robert Adam ausgestattet sind.

Der Höhepunkt am Ende der Führung ist ein Besuch der Undercroft mehrere Meter unter dem Hofboden. Dort sind Teile der alten Wikingerfestung zu entdecken, die ursprüngliche Stadtmauer mit den grob behauenen Bögen, wo einst der Burggraben entlangführte, und man kann sogar einen Blick auf den Poddle werfen, der hier unterirdisch fließt.

KLEINE PAUSE

Queen of Tarts (Cow's Lane, www.queenoftarts.ie, Mi/Do 9–17, Fr–So 9–18 Uhr) etwas versteckt, aber gegenüber der Burg, ist Kult für Liebhaber pikanter warmer Pasteten, herzhafter Sandwiches und von Salaten. Es gibt eine Riesenauswahl an Kuchen. Probieren Sie beispielsweise den Baileys-Käsekuchen mit Schokosplittern.

i

190 B2
Dame St., D2
046 942 22 13
www.dublincastle.ie

tgl. 9.45–17.45 Uhr; bei Staatsbesuchen geschl. 8 €
Bus 49, 54A, 56A, 77 (vom Eden Quay), 123 (von O'Connell St.)

Magischer Moment

Ein Garten für die Kunst

Alte knorrige Apfel- und Walnussbäume, Buchen und Eiben, dazu Weißdorn, Johanniskraut und Sauerampfer – was zunächst recht unspektakulär klingen mag, hat einen ganz besonderen Zauber. Der Ort, an dem dieser Sie umhüllt, liegt etwas abseits des Zentrums, beim Irish Museum of Modern Art (S. 64). An den großartigen, über 300 Jahre alten Bau schließen sich die Barockgärten an. Nehmen Sie Platz oder stellen Sie sich auf den Balkon, genießen Sie den Blick!

Nach Lust und Laune!

11 Irish Museum of Modern Art (IMMA)

Das Irish Museum of Modern Art ist Irlands wichtigste staatliche Institution für moderne und zeitgenössische Kunst. Werke internationaler Größen treffen hier auf neueste Trends aufstrebender lokaler Künstler.

Die Sammlung ist im Royal Hospital in Kilmainham untergebracht – für viele ist es das schönste Gebäude Irlands aus dem Barock. Es wurde 1684 von Sir William Robinson nach dem Vorbild des gleichfalls im 17. Jh. erbauten Hôtel des Invalides in Paris mit großem viereckigem Innenhof und nach den Vorstellungen klassischer Symmetrie entworfen.

Fast 250 Jahre lang, bis 1927, wohnten hier Kriegsveteranen. Später wurde der Bau zur Unterkunft der irischen Polizei und ein Lagerraum des Nationalmuseums. Erst 1984 restaurierte die irische Regierung das lange brachliegende Gelände für 12 Mio. irische £. 1991 eröffnete das Irish Museum of Modern Art.

Stahlskulptur von Bernar Venet im IMMA

Heute bildet das in kontrastreichem Weiß und Grau gehaltene Innere einen beeindruckenden Hintergrund für die ständige Ausstellung irischer und internationaler Kunst des 20. Jh.s, für Wanderausstellungen und Workshops. Nehmen Sie sich etwas Zeit für die (eher unmoderne) Madden Arnholz Collection, die Drucke von Rembrandt, Hogarth oder Goya und für die *City Drawings* – Zeichnungen von internationalen Stadtansichten der renommierten irischen Künstlerin Kathy Prendergast.

186 C4 Royal Kilmainham Hospital, Kilmainham, D8
01 612 99 00 www.imma.ie
Di, Do–Sa 10–17.30, Mi 11.30–17.30, So/Fei 12–17.30 Uhr; Touren: Mi 13.15, Sa/So 14.30 Uhr frei
Bus 13, 40, 79, 79A, 123, 145

12 St Audoen's Churches

Die protestantische St-Audoen-Kirche ist die einzige erhaltene mittelalterliche Pfarrkirche in Dublin. Sie soll eine Kapelle ersetzt haben, die Columban von Iona, Patron Irlands und der Dichtkunst, geweiht war. Der Turm (renoviert im 16. Jh.) ist angeblich der älteste in Irland, die Glocken und das Kirchenschiff stammen aus dem 15. Jh. Seit dem 14. Jh. liegt der sogenannte Lucky Stone, ein frühchristlicher Grabstein, in der Vorhalle. Der Kirchhof wird vom letzten Rest der alten

Stadtmauer begrenzt, St Audoen's Arch hinter der Kirche ist sogar das einzige erhaltene Stadttor aus mittelalterlicher Zeit.

Neben der alten St-Audoen-Kirche steht die St Audoen's Catholic Church aus dem 19. Jh. Die Gemeinde bestand aus nur noch 200 Mitgliedern, bis das polnische Kaplansamt hierher verlegt wurde. Das brachte neues Leben in die (recht ansehnliche) Bude, die aktive polnische Gemeinde in Irland und der Schrein der heiligen Anna (Jesus' Oma, sozusagen) sorgen dafür.

190 A2/3 Corn Market, High St., D2 ☎ 01 677 00 88
www.heritageireland.com
Mai–Okt. tgl. 9.30–17.30 Uhr
frei Bus 78a, 123

13 Dublinia

Keine Angst vor Geschichte: Das Museum mit modernem Ansatz trägt den Namen, unter dem die Stadt 1540 das erste Mal auf einer Karte erwähnt wurde. Es beschäftigt sich mit Dublins aufregender Historie, von den hier siedelnden Wikingern bis zur Schließung der Klöster unter Heinrich VIII. um 1540. Die Straßenszenen mit lebensgroßen Puppen im Erdgeschoss, Stücke aus dem National Museum of Ireland im Obergeschoss und das Stadtmodell im Maßstab 1 : 300 geben einen faszinierenden Einblick ins mittelalterliche Dublin. Auf dem Markt können Sie jonglieren

Mit Booten dieser Art waren einst die Wikinger unterwegs, nun liegen sie in der Dublinia.

oder sich als Ritter verkleiden – für Kinder genau das Richtige.

Dublinia befindet sich in der alten Synodenhalle neben der Christ Church Cathedral. Vom St Michael's Tower hat man einen tollen Ausblick (S. 40).

190 A2 St Michael's Hill, D8
☎ 01 679 46 11
www.dublinia.ie
tgl. 10–17 Uhr
15 €, Kinder 7,50 €
Bus 49, 49A, 54A, 123

14 Christ Church Cathedral

Die Christ Church Cathedral war das erste Gebäude aus Stein in Dublin. Sie ersetzte eine Kirche aus Holz, die der Wikingerkönig Sitric Silberbart etwa 1030 errichten ließ. Die neue Kathedrale gab der anglo-normannische Eroberer Richard FitzGilbert de Clare, zweiter Earl of Pembroke – besser bekannt als »Strongbow« –, um 1172 für Erzbischof Laurence O'Toole in Auftrag (Laurence gilt als Schutzheiliger von Dublin).

Im Lauf der Jahrhunderte wurde die Kathedrale wiederholt erneuert und umgebaut. Mitte des 15. Jh.s konnte man in den Kreuzgängen an Ständen einkaufen und die Krypta verwandelte sich in eine »Bier-, Wein- und Tabakschänke«. Im 19. Jh. wurde schließlich der Architekt George Edmund Street beauftragt, sie komplett umzugestalten. Von der ursprünglichen normannischen Struktur ist außer Teilen des südlichen Querschiffs und der Krypta wenig erhalten geblieben.

Ein Herz in einer Metallbüchse – es ist im Innern zu sehen: Das Herz des hl. Laurence (13. Jh.) wird so in der St.-Laud-Kapelle aufbewahrt. Im Kirchenschiff befindet sich auch das Strongbow-Grabmal.

Grabmäler und weitere faszinierende Reliquien sind in der Krypta zu sehen. Sie ist fast so groß wie die Oberkirche selbst – das ist einzigartig in Irland. Die Ausstellung »Treasures of Christ Church« zeigt, wie der Name sagt, Schätze der Kirche,

Ein warmes Licht erleuchtet die große Krypta von Christ Church Cathedral.

z. B. einen Silberteller, den König Wilhelm III. 1697 stiftete. In einer Vitrine gibt es außerdem die mumifizierten Körper einer Katze und einer Ratte aus den 1860er-Jahren! Die Ratte hatte sich in eine Orgelpfeife geflüchtet, die Katze lief ihr nach – und nur 15 cm von der Ratte entfernt blieb sie stecken.

190 B2 ✉ Christchurch Pl., D8
☎ 01 677 80 99
www.christchurchcathedral.ie
März, Okt. Mo–Sa 9–18, So 12.30–14.30, 16.30–18, April–Sept. Mo–Fr 9–18, So 12.30–19 (14.30–16.30 geschl.), Nov.–Feb. Mo–Fr 9–17, So 12.30–14.30 Uhr 10 €
Bus 13, 27, 40, 49, 77A, 123

15 City Hall

Bei seiner Fertigstellung 1769 wurde das Dubliner Rathaus als architektonisches Meisterwerk bejubelt. Thomas Cooley hatte es ursprünglich als königliche Börse entworfen, zu einer Zeit, als es dem georgianischen Dublin noch richtig gut ging. Die Fassade lässt bereits neoklassizistische Züge erkennen und auch die Kupferkuppel setzte einen Trend (s. auch Four Courts, S. 131, Custom House, S. 134). Um 1850 war die Börse in Dublin zu verkaufen, die Dublin Corporation schnappte sich den zentralen Prunkbau und widmete ihn zum Rathaus um. Eine Rolle, die das Gebäude (zumindest formell) heute noch erfüllt.

Die Beamten sind allerdings schon lange in den nahezu brutalis-

Auf die Mitte ausgerichtet: Kuppel der City Hall

tischen Büroneubau an der Liffey abgewandert, genutzt wird die City Hall vor allem für Hochzeiten und Empfänge. In Marmor sind für Irland wichtige Politiker wie Daniel O'Connell (S. 25) verewigt, das Stadtwappen mit dem Motto *Obedientia Civium Urbis Felicitas* (Glücklich die Stadt mit gehorsamen Bürgern) ist als Mosaik in den Boden der beeindruckenden lichtdurchfluteten Eingangsrotunde eingearbeitet.

190 C3 · Cork Hill, Dame St., D2
01 222 22 04
www.dublincity.ie
Mo–Sa 10–16 Uhr · frei
Bus 27, 54A, 56A, 77A, 123, 150

16 Powerscourt Townhouse

Das stattliche georgianische Herrenhaus wurde 1774 von Robert Mack als Stadtresidenz für den Viscount Powerscourt entworfen, dessen Hauptwohnsitz im County Wicklow (S. 147) lag. In den 1830er-Jahren wurde hier Tuch gelagert, mittlerweile ist ein schickes Einkaufszentrum (S. 72) entstanden. Die Originalfassade, die herrschaftliche Mahagonitreppe und Stuckarbeiten des alten Hauses wurden dabei gekonnt mit moderner Innenausstattung verbunden.

Im deckenhohen Atrium des Pygmalion Café können Sie sich vom Shoppen erholen, die oberen Galerien versammeln exklusive kleine Boutiquen, Antikschmuckläden und mehrere kleine Lokale und Bars.

191 C/D2 · William St. South, D2
www.powerscourtcentre.com
Mo–Fr 10–18, Do bis 20, Sa 9–18, So 12–18 Uhr

17 Whitefriar Street Carmelite Church

Der hl. Valentin, Schutzheiliger der Liebenden, starb im 3. Jh. in Rom, seine Gebeine liegen jedoch seit 1836 in einem Schrein rechts vom Hochaltar in der Karmeliterkirche. Sie steht an der Stelle einer Karmeliterabtei und nennt eine ungewöhnliche Madonnenfigur aus Eiche ihr Eigen (Our Lady of Dublin). Man fand sie in einem Secondhandshop: Sie ist die einzige ihrer Art, die erhalten ist, denn die irischen Klöster wurden in der Reformation geplündert und Skulpturen zerstört.

190 C1
56 Aungier St., D2
01 475 88 21
www.whitefriarstreetchurch.ie
tgl. 7.30–17, Di bis 21 Uhr (Gottesdienstzeiten beachten!) · frei
Bus 9, 16, 49, 65, 68, 83, 122

Magischer Moment

On a Sunday Afternoon

Mystisches Licht strahlt durch die Fenster. Die Blau-, Rot- und Gelbtöne setzen sich erst bei genauem Hinsehen voneinander ab. In den großen und kleinen Gotteshäusern Dublins erwartet Sie eine tiefe Stille, fern vom Trubel auf den Straßen. Die Türen stehen offen, Kerzenrauch weht ab und an über die Bänke. Die Kirche St Teresa's ist eines dieser versteckten Juwele, das sich für eine ruhige Auszeit anbietet, vielleicht an einem Sonntag.

191 D2, Clarendon St., www.clarendonstreet.com, fünf Messen tgl.

18 Marsh's Library

Die älteste öffentliche Bibliothek von Irland wurde 1707 von Erzbischof Narcissus Marsh, einem leidenschaftlichen Sammler alter Bücher und Manuskripte, gegründet. In den von Sir William Robinson entworfenen Bücherregalen stehen rund 25 000 ledergebundene, teils seltene Werke, die hauptsächlich aus dem 16. bis 18. Jh. stammen. Zu den wertvollsten Bänden gehört Jonathan Swifts *Clarendon's History of the Great Rebellion*. Im Band sind Anmerkungen des in Dublin geborenen Dichters zu sehen.

Einige Bücher der Bibliothek sind so kostbar, dass man sie früher nur in einem von drei abschließbaren Alkoven am Ende der Galerie einsehen durfte. Die seltensten Bücher waren gar an die Wand gekettet, damit sie niemand »auslieh«.

190 B1 St Patrick's Close, D8
01 454 35 11
www.marshlibrary.ie
Di–Fr 9.30–17, Sa 10–17 Uhr
5 €
Bus 49, 54A, 56A (Eden Quay)

Spannender Ort für Buch-Fans: Marsh's Library

Ausstellungsstücke des Irish Jewish Museum

19 Irish Jewish Museum & Heritage Centre

Eine jüdische Gemeinde gibt es in Irland seit Jahrhunderten. Um 1900 ließ sich mit rund 2000 Juden aus Osteuropa die bisher größte Gruppe in Irland nieder. Während der Shoah öffnete der Freistaat die Grenzen kaum, dennoch zählte die Gemeinde mit 5500 Juden Ende der 1940er-Jahre die meisten Mitglieder.

Das Museum präsentiert faszinierende Stücke aus irisch-jüdischen Gemeinden. Im Parterre wird das wirtschaftliche, kulturelle und gesellschaftliche Leben veranschaulicht, z. B. mit einer Küche vom Ende des 19. Jh.s inkl. angerichtetem Schabbatmahl.

Im Obergeschoss betreten Sie die Synagoge und sehen in der Harold Smerling Gallery religiöse Gegenstände des Judentums.

187 F3 3–4 Walworth Rd. (abseits der Victoria St.), D8
01 453 17 97
www.jewishmuseum.ie
Mai–Okt. So–Do 11–15, Nov.–April So 10.30–14.30 Uhr
10 € Bus 9, 16, 68, 68A, 122

Wohin zum ...
Essen und Trinken?

Preise für ein Drei-Gänge-Menü ohne Getränke:

€	unter 30 Euro
€€	30 bis 50 Euro
€€€	über 50 Euro

ZENTRUM

Chez Max €€

Mögen Sie auch Pariser Bistro-Charme? Bei Max werden nicht nur den treuen Stammgästen französische Klassiker wie Steak mit Sauce Bernaise oder Poulet Basquaise serviert. Selbst unter der Woche ist das Restaurant sehr gut besucht, der Umsatz floriert dank des schnellen Service. Die *moules frites* (Miesmuscheln auf belgische Art) mit einem kalten Glas Pouilly Fumé dazu sind köstlich. Musik à la Sinatra rundet das Ganze ab.
190 C3 1 Palace St., D2
01 633 72 15 Mo–Mi 10–20, Do 10–21, Fr/Sa 10–22, So 10–21 Uhr

Cleaver East €€€

Das stilvolle Restaurant bietet moderne irische kombiniert mit asiatischer Küche und Kochtraditionen aus aller Welt. Eindrucksvoll ist die Atmosphäre mit dem klassisch-modernen Interieur in dunklen Farben. Küchenchef ist der auch aus dem irischen Fernsehen bekannte Oliver Dunne, der sich bereits einen Michelin-Stern erkochte.
190 C3 6–8 East Essex St., D2
01 531 35 00 www.cleavereast.ie
Mi–So 17–22, Sa/So auch 11–16 Uhr

Duck €–€€

Eine andere Welt ... dieses kulinarisch herausragende, weil nicht gnadenlos dem westlichen Gaumen angepasste, »Hong Kong BBQ« bietet Ente und mehr vom Feinsten. Zum Mitnehmen oder auch im spartanisch eingerichteten Gastraum verzehrbar. Frische garantiert, ebenso wie authentische Zutaten. Und turbulent wie auf einem Nachtmarkt in Ostasien geht es auch zu.
190 C2 Fade St., D2
01 671 84 84 www.duck.ie
Mi–So 12–22 Uhr

Good World €–€€

Die *dim sum*, kleine gedämpfte oder frittierte Köstlichkeiten, sind hier ein echter Leckerbissen, Ente und Schwein die Spezialitäten des Hauses. Good World ist immer voller Leben und wird gerne von kleinen und großen Gruppen aufgesucht.
190 C2 18 South Great George's St., D2
01 677 53 73 www.goodworld.ie
tgl. 12.30–21.30 Uhr

Gourmet Burger Kitchen €

Eine große Auswahl an Burgern im XL-Format (u. a. Falafelburger, vegetarische Gemüseburger, Mozzarella-Rosmarin-Burger) werden in dem schmalen Stadthaus fantasievoll angerichtet, serviert mit frisch zubereiteten Pommes frites (in diversen Varianten) und zahlreichen Dips sowie Beilagen (Fried Onion Rings etc). Eine Alternative zu McDonald's, etwas teurer, dafür individuell und lecker. Beliebt ist der Special Deal: Burger, Pommes, ein Soft-Getränk.
190 C3 Temple Bar Sq., Temple Bar, D1
01 670 83 43 www.gbk.ie
So–Mi 11.45–21.45, Do–Sa bis 22.45 Uhr

Leo Burdock €

Der älteste und beste Fish-&-Chips-Laden der Stadt! Warten lohnt sich: Der frischeste Fisch und die knusprigsten Pommes frites sind es wert.

⌖ 190 B2 ✉ 2 Werburgh St., D8
☎ 01 454 03 06 ⊕ www.leoburdock.com
◑ tgl. 11.30–24 Uhr

L'Gueuleton & Hogan's Bar €€
In einer Querstraße der South Great George's Street liegen zwei Geheimtipps, die noch nicht mal eine Hausnummer haben. Auf halber Höhe der Fade Street stoßen Sie auf das vielleicht angesagteste Restaurant in Dublin: L'Gueuleton. Das schummrige französische Bistro mit freigelegten Ziegelwänden und offener Küche nimmt keine Reservierungen an (evtl. muss man etwas warten). Die Klassiker auf der Karte sind erschwinglich: Schnecken in Knoblauchbutter, Toulouse-Würstchen mit Sauerkraut und Lyoner Kartoffeln, Fisch der Saison, Huhn nach Jägerart mit Steinpilzen und Estragon. Die Gerichte werden attraktiv angerichtet. Die Hogan's Bar nebenan gehört denselben Besitzern, hier kann man bei einem Aperitif auf einen freien Tisch im L'Gueuleton warten oder auch einfach nur einen Absacker nehmen.
⌖ 190 C2 ✉ Fade St., D2
☎ 087 939 36 08 ⊕ www.lgueuleton.com
◑ Mo–Sa 11–23.30 Uhr

The Market Bar €–€€
Tapas-Restaurant mit unverwechselbarer Atmosphäre in hohen verglasten Innenhöfen mit alten Ziegelmauern und polierten Fußböden. Auf der Karte: italienischer und französischer Käse, Oliven und geräucherte Entenbrust, Tortilla und Calamares. Am Wochenende trifft man sich ab 12 Uhr zum Brunch mit Serranoschinken und Ciabatta. Dazu trinkt man spanischen Sekt, abends Rotwein aus Chile und Sangria.
⌖ 190 C2 ✉ 14A Fade St., D2
☎ 01 613 90 94 ⊕ www.marketbar.ie
◑ Mo–Do, So 12.30–23.30, Fr/Sa 12.30–1.30 Uhr

Mongolian BBQ €
Zubereitet wird eine Auswahl von chinesischen und anderen asiatischen Gerichten. Die Qualität der Lebensmittel ist hoch, alles ist frisch. Man wählt das Essen vom Buffet und kann selbst die Art der Zubereitung des

Irish Stew, Gemüse gehört einfach dazu

gewählten Fleisches, der diversen Gemüse und frischen Gewürze bestimmen. Und nicht den Nachtisch vergessen – der warm servierte Chocolate Fudge Cake mit Eiscreme ist eine Kaloriensünde wert.
⌖ 190 C3 ✉ 7 Anglesea St., Temple Bar, D2
☎ 01 670 41 54
⊕ www.mongolianbbq.ie
◑ tgl 12–21.30 Uhr (im Winter nur Do–So)

Monty's of Kathmandu €–€€
Ein absolutes Muss für Curryliebhaber! Nepal in Dublin. Probieren Sie zartes nepalesisches Masalalamm oder *jyogi bhat* (Salbeireis mit Currygemüse). Spicey wird's bei *gorkhali,* angemacht mit Joghurt, Koriander und Ingwer. Das Early-Bird-Menu (ab 17.30 Uhr) umfasst zwei Gänge.
⌖ 190 C3 ✉ 28 Eustace St., D2
☎ 01 670 49 11 ⊕ www.montys.ie
◑ Mo–Sa 12–14, 17.30–23, So 17.30–22.30 Uhr

Silk Road Café €–€€
Café im Foyer der Chester Beatty Library (S. 40). Es bietet gesunde hausgemachte mediterrane Gerichte und Speisen aus dem Nahen Osten und Nordafrika. Genießen Sie beispielsweise das Moussaka, Lamm mit Okraschoten, Falafel, Wraps, Humussandwiches oder Salate und zuckersüße Pasteten. Vegetarische Optionen.
⌖ 190 B2 ✉ Chester Beatty Library, 2 Palace St., D2 ☎ 01 407 07 70
⊕ www.silkroadcafe.ie
◑ Di–Fr 10–16.30 (Mi bis 19.30), Sa 11–16.30, So 13–16.30 Uhr

TEMPLE BAR

Bad Ass Café €
Eine Institution in Temple Bar. Sie befindet sich in einer umgebauten Lagerhalle und serviert Pizzen, Nudeln, Burger, Fajitas und Salate in lebhafter Umgebung. Nicht zuletzt deshalb ist sie bei allen Altersgruppen beliebt, vor allem Kinder begeistern sich für die Comics an den Wänden und die Showeinlagen der Pizzabäcker. Am Wochenende trifft man sich hier zum Frühstück.
190 C3 9–11 Crown Alley, Temple Bar, D2
01 675 30 05 Mo–Do 12–23.30, Fr 12–1.30, Sa/So 9–1.30 Uhr

Elephant and Castle €–€€
Hausgemachte Burger, riesige Salatschüsseln und würzige Chicken Wings kommen täglich auf den Tisch. Die Gründungsgeschichte erzählt, dass Elephant & Castle in New York gegründet wurde, der Gründer aus Liebe aber nach Irland übersiedelte und hier 1989 das Restaurant eröffnete. Sehr beliebt ist der Familienbrunch sonntags. Reservierungen werden erst ab einer Gruppe von sechs Personen angenommen.

Lichtes Restaurant im Powerscourt Centre

190 C3 18 Temple Bar, D2
01 679 31 21 www.elephantandcastle.ie
tgl. 12–23 Uhr

Gallagher's Boxty House €
»Boxties« sind Kartoffelpfannkuchen mit herzhaften Füllungen wie eingelegtem Rindfleisch, geräuchertem Fisch oder Kohl. In diesem Restaurant hat man sich darauf und auf andere irische Kost spezialisiert. Das Kiefernholzinterieur sorgt für eine rustikale Atmosphäre, die von Klängen irischer Musik unterstrichen wird.
190 C3 20–21 Temple Bar, D2
01 6 77 27 62 www.boxtyhouse.ie
Mo–Fr 10–22, Sa/So 11–22 Uhr

Wohin zum … Einkaufen?

MODE & KOSMETIK

Powerscourt Townhouse (S. 67), die frühere Villa des Viscount Powerscourt (Eingänge: Clarendon St. und William St. South, D2; www.powerscourtcentre.com) ist nun ein Einkaufszentrum. Hier gibt es aktuelle Modeläden wie **Atrium** und **French Connection**.

Einige Fachgeschäfte wie **Courtville Antiques** (www.courtville.ie) und **Delphi Antiques** (www.delphiantiques.com) verkaufen alten Schmuck.

Powerscourts Glanzstück ist das **Design Centre** auf der zweiten Etage (www.designcentre.ie). Hier finden Sie Kreationen von über 20 führenden irischen Modedesignern wie Philip Treacy, Caroline Kilkenny und Roisin Linnane sowie internationalen Designern. Powerscourt veranstaltet zudem wechselnde Ausstellungen von durchaus renommierten Künstlern und Kunsthandwerkern.

Die Haare vor barocken Spiegelrahmen schön machen lassen? **AK fo Hair** (www.kevillehair.com) sorgt für die korrekte Frisur. Bei **Costume** (10 Castle Market, D2; www.costumedublin.ie) gibt es raffinierte Einzelstücke, aber auch schrullige Labels.

Die kleine Boutique **Susan Hunter** (Grafton St.; www.susanhunter.ie) in der **Westbury**

Mall ist bekannt für ihre feine und sexy Damenunterwäsche.

In Temple Bar treffen sich Trendsetter verteilt auf vier Etagen im Modegeschäft Urban Outfitters (4 Cecilia St., D2, auch 71/2 Fownes St.; www.urbanoutfitters.com).

Auf der Suche nach dem ultimativen Schmuck-Geschenk gehen Sie zu John Farrington Antiques (32 Drury St., D2; www.johnfarringtonantiques.com).

VINTAGE

Dublin bietet seit jeher eine große Auswahl an Vintage- und Retroläden für Kleidung. Die besten befinden sich in der George's Street Arcade (South Great George's St., D2; www.georgesstreetarcade.ie). Die überdachte Arkade ist randvoll mit Secondhand-Kleidung und antikem Modeschmuck.

Ein großartiger Vintage-Klamottenladen in den Liberties ist Betty Bojangles (77 Thomas St., D8), von Partyklamotten bis zu eleganter Abendrobe lässt es sich stöbern.

ANTIKES & (KUNST-)HANDWERK

Die Gegend um die Francis Street ist berühmt für ihre Dichte an Antiquitätenläden. Eine der besten Adressen ist O'Sullivan Antiques (43–44 Francis St., D8; www.osullivanantiques.com).

Ein weiterer Topladen ist Johnston Antiques (69–70 Francis St., D8; www.johnstonantiques.net), der sich auf Jugendstil und Art déco spezialisiert hat.

Zeitgenössische irische Kunst in Mitnehmportionen bietet die kleine, aber feine Jam Art Factory (64 Patrick St., D8, www.jamartfactory.com) in den historischen Iveagh Trust Buildings. Zwischen den Kathedralen werden hier vor allem Drucke feilgeboten, für (nahezu) jeden Geschmack.

MÄRKTE

Einmal Schulter an Schulter mit den echten Dubs um Schnäppchen kämpfen? Dann ist der Liberty Market (Meath St., The Liberties. www.libertymarket.ie) ein Muss, von Kitsch bis Kunst, von Klamotten bis Kartoffeln wird hier seit 1973 alles gehandelt (Do/Fr 10–16, Sa 10–17 Uhr).

Als Kunsthandwerkermarkt ist der Cow's Lane Fashion and Design Market zu empfehlen (Sa, Cow's Lane). Schöne Stücke aus Glas und Metall sehen Sie hier, Bilder und Fotografien. Warum nicht mal wieder einen Hut tragen? Hier finden Sie sicher das passende Teil – handgemacht.

LEBENSMITTEL

Dublins Feinschmecker verbringen ihren Samstag (9.30–16 Uhr) im Meeting House Square in Temple Bar. Hier wird an kleinen Ständen eine tolle Auswahl an Brot, Kuchen, Pasteten, qualitativ hochwertigem Fleisch und Fisch, Bauernkäse, Bio-Obst und -Gemüse, Oliven, Ölen, Schokolade und Terrinen angeboten. Alles ist viel preiswerter als in den exklusiven Feinkostläden. Sie erhalten Heißgetränke oder Säfte sowie internationale Köstlichkeiten zum direkten Verzehr.

Exotisches jeden Tag gefällig? Dann ist der verwinkelte Asia Market (18 Drury St., D2; www.asiamarket.ie) die erste Adresse in der Innenstadt. Die Auswahl kann aber auch schnell überwältigen.

Dublin Food (Kilmainham Sq, Inchicore Rd, D8; www.dublinfood.coop) heißt die bereits 1983 gegründete, sehr erfolgreiche Kooperative, die Bio- und Fairtrade-Lebensmittel vermarktet. Hier gibt es frisches Obst, irischen Käse, Vollwertbrot und Patisserien, außerdem kann man ayurvedische Tees, Biokaffee und kleine Gerichte genießen und mit den netten Betreibern ins Gespräch kommen.

Fallon & Byrne (www.fallonandbyrne.com) ist eine schöne Location auf 11–17 Exchequer St. Das rote Backsteingebäude vereint eine Lebensmittelhalle mit einer Fleischtheke, einen Weinkeller und ein Restaurant. Hier gibt es verlockende Leckerbissen, von der Sandwichtheke Lunch zum Mitnehmen, eine fantastische Auswahl an Geschenkkörben und Olivenölen. An der Käsetheke gibt es hauptsächlich irische Produkte, aber auch Antipasti und Schinken. Der Fisch stammt aus nachhaltigen und oft auch aus regionalen Quellen.

Wohin zum ... Ausgehen?

In der Westlichen Southside sind die lebhaftesten Bars, Pubs und Clubs von Dublin. Im Sommer ist tagsüber (kostenloses) Open-Air-Theater zu sehen, es treten Puppenspieler und Musiker auf. Abends finden am Meeting House Square und am Temple Bar Square Tanz-, Theater-, Film- und Musikveranstaltungen statt. Temple Bar galt ursprünglich als Kulturzentrum, ist aber nachts eher ein Gesellschafts- und Unterhaltungspark für Leute unter 30. Spätabends wird in den Bars und Pubs gerockt. Viele Besucher sind Touristen, Wochenendausflügler oder Gäste, die ihre Junggesellenabschiede feiern.

BARS UND PUBS

Und doch gibt es einige besuchenswerte Locations, z. B. **The Curious Mister** im Clarence Hotel (6–8 Wellington Quay, D2). Das Hotel gehört der Band U2, ist immer voll mit hübschen Menschen und bekannt für leckere Cocktails.

Wesentlich gepflegter als in Temple Bar kann man in der South Great George's Street ausgehen, samt eklektischer Auswahl. Vom herrlich viktorianischen Pub **The Long Hall** (Nr. 51) über das trendige Nachtlokal **Hogan's** (Nr. 59; www.hogansbar.com) bis zur hemmungslos Tokyo kopierenden **Yamamori Izakaya** (Nr. 12; www.yamamori.ie) und dem Eiscremepalast **Gino's Gelato** (Nr. 90; www.ginosgelato.com).

In derselben Straße liegt **The George** (89 South Great George's St., D2; www.thegeorge.ie), eine Late-Night-Gaybar.

Sehr viel Stil hat der bereits seit 1696 bestehende **The Norseman** (28E Essex St.; www.norseman.ie), während das **Fitzsimons** (21-22 Wellington Quay; www.fitzsimonsbar.ie) mit täglicher Livemusik punkten kann.

Dublins Trendsetter sind aus der touristischen Gegend von Temple Bar besonders in die Umgebung der William Street South gezogen: **Dakota** (9 William St. South, D2; www.dakotabar.ie) serviert sehr teure Cocktails. Ganz in der Nähe befindet sich das **4 Dame Lane** (4 Dame Lane, D2; http://4damelane.ie), ein stilvolles Lokal, das bis 3 Uhr morgens offen hat!

Viele Bars sind bis ca. 1.30/2 Uhr geöffnet. Eine der besten ist die **Capitol Lounge** (1 Augnier St., D2; www.capitol.ie) – jung, modern und mit einer tollen Cocktailbar.

Um einen traditionellen Pub zu erleben, besuchen Sie die **Palace Bar** (21 Fleet St., D2; www.thepalacebardublin.com). Hier kehrten einst literarische Größen der Stadt wie Brendan Behan, Flann O'Brien, Patrick Kavanagh (S. 20) ein. Wie viele andere Pubs in der City zeichnet er sich durch ein original viktorianisches Interieur aus. Klein und altmodisch, zieht **Grogan's** (15 William St. South, D2; www.groganspub.ie) ein vielschichtiges Publikum aller Altersklassen an.

CLUBS

Die meisten Clubs befinden sich in Temple Bar. Das **Turk's Head** (27 Parliament St., Temple Bar, D2; www.paramounthotel.ie) ist ein lebhafter Club für ein junges, trendiges Publikum. Die gigantische Partylandschaft der **Fitzsimon's Bar** (21–22 Wellington Quay, www.fitzsimonsbar.ie) ist ein Mainstream-Treffpunkt, in dem R'n'B und die Charts gespielt werden. Es gibt einige große Chill-out-Bereiche, und auf fünf Stockwerken fühlt man sich immer irgendwo wohl.

Livemusik im Pub »Temple Bar«

KLASSISCHE MUSIK

Wer gerne Chorgesang hört, besucht in St Patrick's Cathedral (S. 53) die Abendandacht. Hier treten auch Gastchöre auf und jährlich finden Aufführungen von Händels »Messias« statt.

Die Christ Church Cathedral (S. 63) veranstaltet Konzerte mit Gast- und eigenen Chören. Vor der Sonntagsandacht hören Sie das Glockenläuten der Christ Church – in Silvesternächten versammeln sich Tausende vor der Kathedrale, um es zum Jahresbeginn zu hören.

THEATER UND KINO

Das 3Olympia Theatre (72 Dame St., D2; www.3olympia.ie) hat etwas von einem viktorianischen Varieté. Es präsentiert populäre Musicals bis Stand-up. Gelegentlich treten auch irische Folk Bands, Rock- und Popkünstler auf. Fast jeden Freitag und Samstag wird das Theater mitternachts zum lebhaften Late-Night-Treffpunkt mit Livemusik.

Das Project Arts Centre (39 Essex St. East, Temple Bar, D2; www.projectartscentre.ie) ist auf experimentelle Stücke spezialisiert, sei es Drama, Tanz, Live Art oder Film.

Etwas versteckt bietet Dublins ältestes und neuestes Theater, das Smock Alley Theatre (Exchange St. Lower, D8, www.smockalley.com) ein nicht weniger buntes Programm. Das Gebäude von 1662 wurde im Innenraum komplette neu gestaltet.

Filmfans sollten das Irish Film Institute (6 Eustace St., Temple Bar, D2, www.ifi.ie) ansteuern. Hier gibt es oft Programmkino.

Im Sommer wird der Meeting House Square zum Open-Air-Kino mit Klassikern der Filmgeschichte.

LIVEMUSIK

Dublin verfügt über eine florierende Rockszene, initiiert in den 1970er-Jahren durch die Dubliner Band Thin Lizzy. Zu den populärsten Livemusikclubs in dem Viertel zählt das atmosphärische Whelan's (25 Wexford St., D2; www.whelanslive.com). Seit vielen Jahren ist dies ein Veranstaltungsort, der sich auf Rock, Jazz und traditionelle Musik spezialisiert hat. Nachts treten hier die besten neuen irischen Bands auf, am Wochenende findet ein After-Hours-Club statt.

The Button Factory (Curved St., D2; www.buttonfactory.ie), das einzige Musik-Center in Temple Bar, ist einer der aufregendsten Veranstaltungsorte Dublins für Großevents. Bands, DJs und andere Acts profitieren von einem topaktuellen Soundsystem. Tägliche Events; von Donnerstag bis Samstag gibt es einen After-Hours-Club.

In Temple Bar ist abwechslungsreiche irische Livemusik zu Hause. Wenn Sie auf alkoholisierte Menschenmassen gut verzichten können, dann gehen Sie lieber unter der Woche aus. Die Livemusik reicht von Fiddle-Musik bis zu Jazz und Rock.

Das Auld Dubliner (24–25 Temple Bar, D2; www.aulddubliner.ie), eine altmodische Bar mit nächtlicher Livemusik, ist sowohl für ihre lokalen als auch internationalen Bands bekannt. Im The Oliver St John Gogarty (58–59 Fleet St., D2; www.gogartys.ie) gibt es täglich traditionelle Musik und irische Küche.

Irische Musik, einen Garten und eine feine Whiskeyauswahl bietet die Temple Bar (47–48 Temple Bar, D2; www.thetemplebarpub.com; Abb. auch S. 59).

Der mehrstöckige Pub Porterhouse (16 Parliament St., D2; www.theporterhouse.ie) wartet mit Livemusik und hausgebrautem Bier auf. In der Vat House Bar (www.vathouse.ie) im Blooms Hotel auf der Anglesea Street gibt es ebenfalls jede Nacht irische Klänge live auf die Ohren.

Am westlichen Liffey-Ufer befindet sich das Brazen Head (Bridge St., D8; www.brazenhead.com; S. 47, 75). Stolz nennt es sich den ältesten Pub Dublins, auch wenn von dem Gebäude aus dem 12. Jh. nicht viel übrig geblieben ist. Seine Sonntagnachmittagssessions sind beliebt bei Bands, die gerne ihr Publikum zum Mitsingen animieren. Die Speisekarte ist umfangreich.

Weiter westlich liegt das Vicar Street (58–59 Thomas St., D8; www.vicarstreet.com). Als Urgestein für Livemusik und Comedy zeigt es regelmäßig Programme von bekannten Künstlern.

Die im Long Room des Trinity College aufbewahrten Bände spiegeln die Forschung aus vielen Hundert Jahren.

Östliche Southside

Akademisches Zentrum, Hort der Bibliophilie – und um die Ecke die musikalischsten Pubs und traditionellsten Cafés. Buntes Dublin live.

Seite 76–113

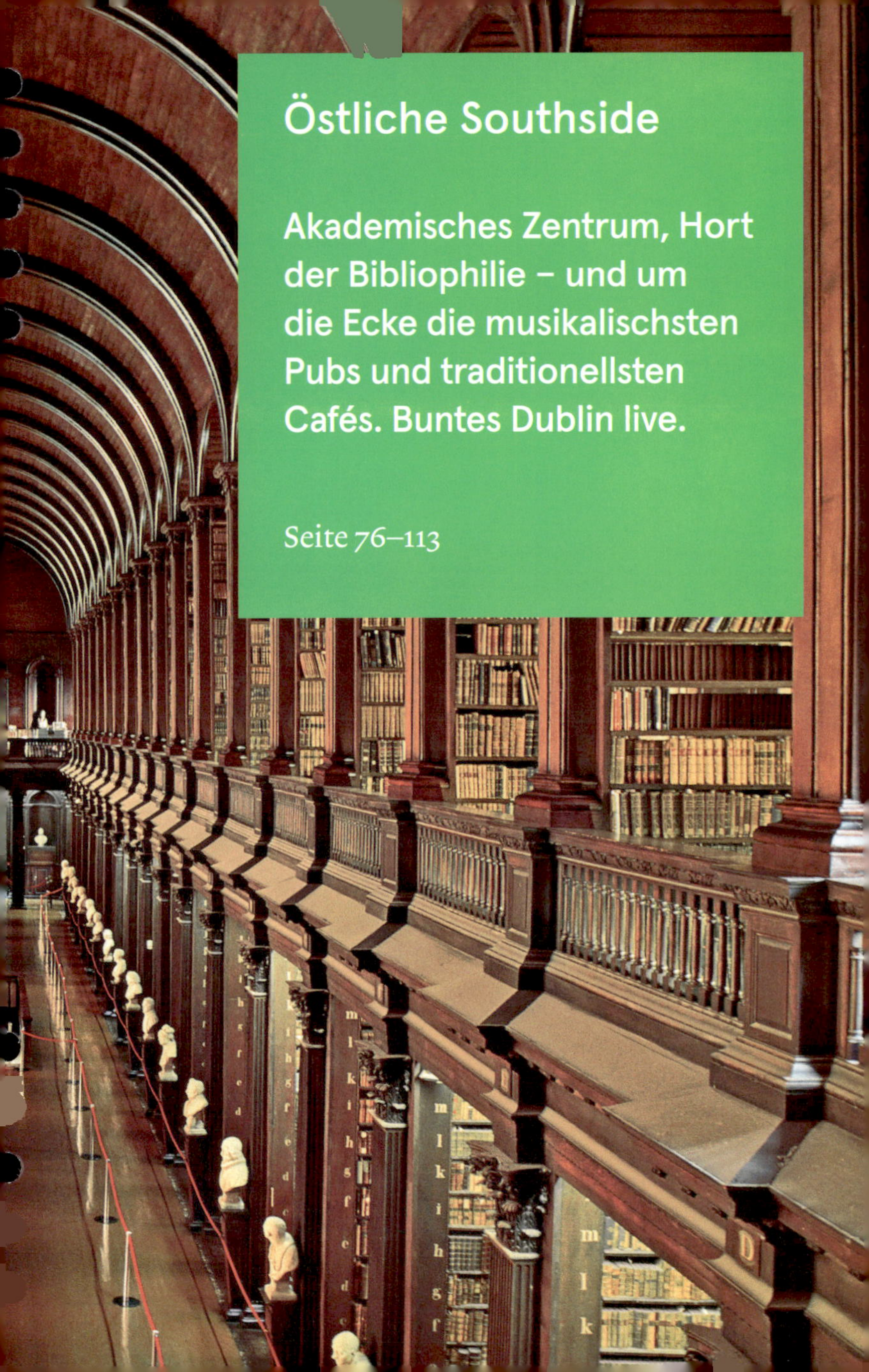

Erste Orientierung

Die angesagte Gegend südlich der Liffey ist seit Jahrhunderten am elegantesten. Hier lassen sich die Schätze der vielen Museen entdecken, zum Beispiel in der National Gallery und dem National Museum. Zwischendurch flanieren Sie am Ufer entlang.

Die georgianische Ära Dublins zwischen etwa 1720 und 1830 zeichnete sich durch Noblesse aus. Das ist noch heute ablesbar an den breiten Straßen und den gut erhaltenen Plätzen und Häuserfronten, die das Hauptgeschäftsviertel Dublins bilden. Schauen Sie mal auf die Türen an den Häusern: Es sind viele Tausend – und doch gleicht keine Tür der nächsten. Jede hat ein auf eine andere Weise kunstvoll dekoriertes Oberlicht und auch die Türknäufe und -klopfer sind unterschiedlich gestaltet. Und dennoch sind sie leicht als georgianische Häuser erkennbar, denn ihr Gesamtbild gründet auf der Ästhetik und dem Design der klassischen Antike.

Verzierte Balkone aus Schmiedeeisen, ausgefallene Gullydeckel und dekorative Schuhabstreifer runden das Gesamtbild im Viertel ab und tragen zu dessen einmaligem Auftreten bei.

TOP 10

- ❶ ★★ Trinity College & Book of Kells
- ❷ ★★ National Museum of Ireland – Archaeology
- ❼ ★★ National Gallery of Ireland
- ❿ ★★ St Stephen's Green

Nach Lust und Laune!

- 20 National Wax Museum Plus
- 21 Bank of Ireland
- 22 Grafton Street
- 23 St Ann's Church
- 24 National Library of Ireland
- 25 Leinster House
- 26 National Museum of Ireland – Natural History
- 27 Merrion Square
- 28 Little Museum of Dublin

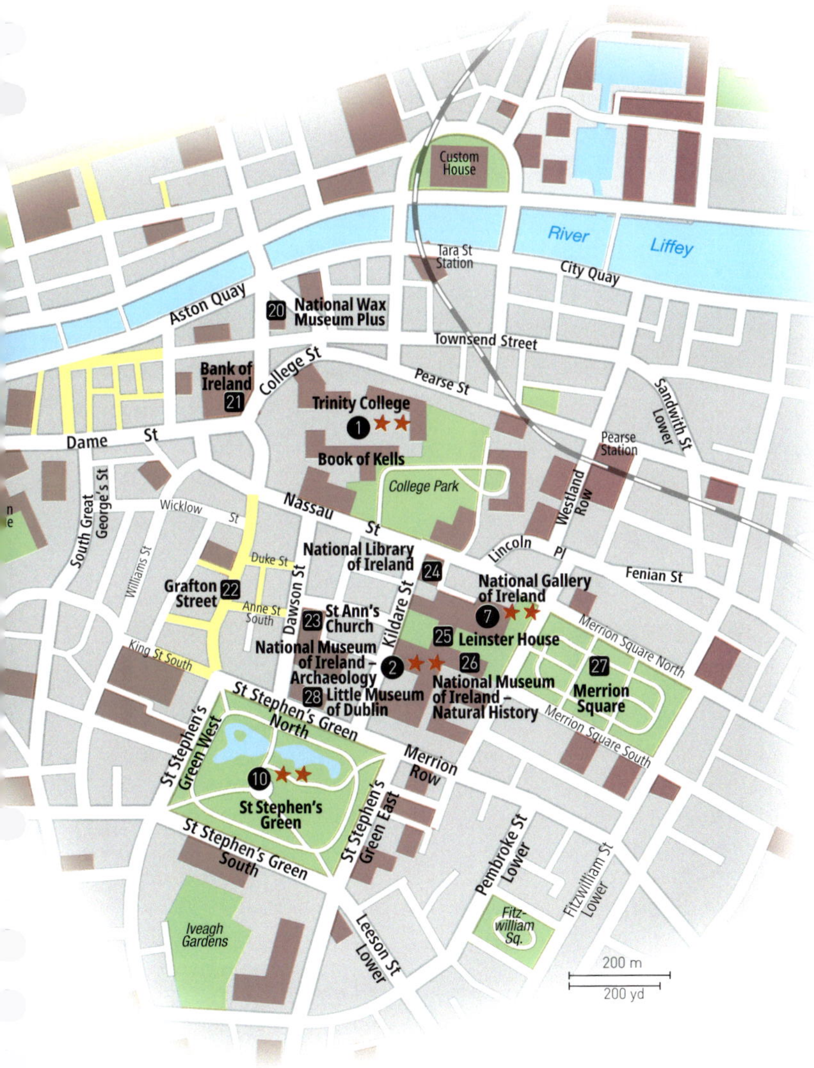

Custom House
River Liffey
Tara St Station
City Quay
Aston Quay
20 National Wax Museum Plus
Townsend Street
Pearse St
College St
Bank of Ireland 21
Trinity College
1 ★★
Book of Kells
Dame St
College Park
Sandwith St Lower
Pearse Station
Westland Row
South Great George's St
Wicklow St
Nassau St
National Library of Ireland 24
Lincoln Pl
Fenian St
Duke St
Williams St
Grafton Street 22
Dawson St
Anne St South
23 St Ann's Church
Kildare St
National Gallery of Ireland
7 ★★
25 Leinster House
Merrion Square North
King St South
National Museum of Ireland – Archaeology
2 ★★
26
27
National Museum of Ireland – Natural History
Merrion Square
28 Little Museum of Dublin
St Stephen's Green North
Merrion Square South
St Stephen's Green West
Merrion Row
10 ★★
St Stephen's Green
St Stephen's Green East
St Stephen's Green South
Pembroke St Lower
Fitzwilliam St Lower
Iveagh Gardens
Leeson St Lower
Fitz-william Sq.
200 m
200 yd

Mein Tag auf Dublins Schokoladenseite

Stadthäuser als Postkartenschönheiten, tolle Museen und eine Eliteuniversität mit einem besonderen Juwel, als Kontrast traditionsreiche Luxuskaufhäuser und coole Pubs: Südlich der Liffey zeigt sich Dublin besonders edel und herausgeputzt.

9 Uhr: Eine Runde durch den Park

Heute müssen es die Sneakers sein, denn nach dem ausgiebigen Irish Breakfast im Hotel – u. a. mit Soda Bread, einem köstlichen Vollwertbrot – oder auch bei Bewley's (S. 85) gibt es nichts Besseres, als durch einen der schönsten europäischen Stadtparks zu spazieren. Umgeben von Palästen, opulenten Herrenhäusern und dem Shelbourne Hotel (schon 1829 eröffnet und nach wie vor erste Adresse der Stadt), thront im Herzen des georgianischen Dublin ⑩ ★★ St Stephen's Green (S. 96) – mit seinen mächtigen Laubbäumen und üppigen Rabatten zu jeder Jahreszeit betörend schön. Haben Sie die drei Schicksalsgöttinnen (»The Three Fates«) schon entdeckt? Dann sind Sie auf das nächste Ziel eingestimmt.

10.30 Uhr: Goya, Picasso und die irischen Künstler

Die ❼ ★★ National Gallery of Ireland (S. 94), die europäische Meis-

17 Uhr: Lyrik vor dem Espresso

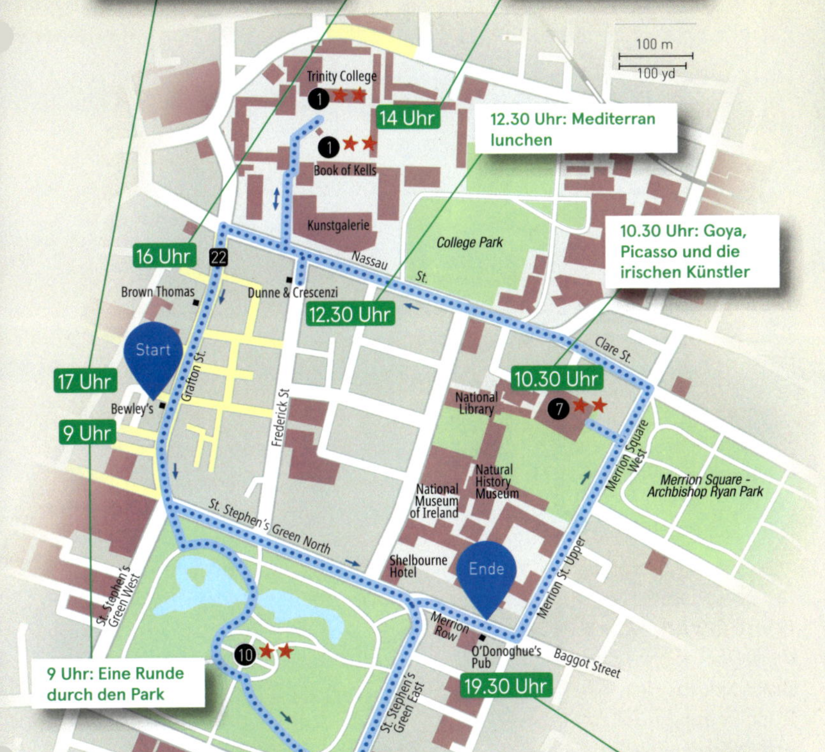

19.30 Uhr: Auf ein Pint oder zwei

Arthur Guinness machte den Park St Stephen's Green für die Öffentlichkeit zugänglich (M.). Großartige Kunsterlebnisse: in der National Gallery (r.o.) und Seite des Book of Kells (Ausschnitt, re.u.)

terwerke vom 14. bis 20. Jh. großartig in Szene setzt, ist alles andere als üblicher Standard beim Dublin-Sightseeing. Die Ausstellungsräume im alten Teil atmen Stil und Grandezza. Die Nationalgalerie zählt tausende Kunstwerke, darunter Arbeiten von Caravaggio und Berthe Morisot. Am besten, Sie machen es wie viele Dublinerinnen und Dubliner und entscheiden vorher, welchen Werken der Gemäldesammlung Sie sich widmen wollen. Leihen Sie einen Audioguide (im Preis inbegriffen; auch auf Deutsch) und lassen sich zu den Meisterwerken der Sammlung (ver-)führen. Der Eintritt ist frei.

12.30 Uhr: Mediterran lunchen

Kunst macht Appetit, daher geht's jetzt in die Frederick Street zu Dunne & Crescenzi (www.dunneandcrescenzi.com, tgl. ab 9 Uhr): In dieser Dubliner Institution fühlt man sich nach Bella Italia versetzt, denn im Stil einer Trattoria werden mediterrane Köstlichkeiten serviert. Vor allem die *dolci* sind eine Kaloriensünde wert, Espresso obligatorisch. So gestärkt geht es in die heiligen Hallen der höheren Bildung.

14 Uhr: In den heiligen Hallen

Vorbei an den Rasenflächen des ❶ ★★ Trinity College (S. 86) – ein

Gesammeltes Wissen, Regalmeter um Regalmeter, im Trinity College: Der Long Room besticht durch seine tolle Atmosphäre, das Tonnengewölbe und die Verzierungen.

Teil wurde, welch Freude, zu Wildblumenwiesen umgewidmet – steuern Sie geradewegs den Long Room an. Was für ein Understatement!

Der 65 m lange, holzgetäfelte Saal aus dem 18. Jh., der über 200 000 in Leder gebundene und mit Goldschrift verzierte antike Bücher in seinen Regalen beherbergt, hat als größten Schatz das ❶ ★★ Book of Kells: Eine von Mönchen um 800 n. Chr. verfasste Prunkschrift des Neuen Testaments. Jeden Tag wird in dem hinter Panzerglas aufbewahrten Evangeliar eine neue Seite aufgeschlagen.

16 Uhr: Etwas Retail Therapy

Jetzt geht's auf Dublins Flaniermeile 22 Grafton Street (S. 102), wo lustvolles Schlendern durch Brown Thomas (S. 110), Dublins exklusivstes Kaufhaus, ansteht. Hier duftet es nicht nur dezent nach Jo Malone, hier zeigt auch der aus Galway stammende Philip Treacy extravagante Hutkreationen. Und es gibt

Taschen der Dubliner Modeschöpferin Orla Kiely anzuschauen! Und zu erwerben ... Individuell und übersichtlich und doch aufwendig sind Luxusmarken hier präsentiert, viel schöner als in jeder Mega-Mall.

17 Uhr: Lyrik vor dem Espresso

Wieder zurück im Alltag und auf der 22 Grafton Street (S. 102): Halten Sie Ihr Portemonnaie bereit, denn hier sind witzig-sympathische Straßenkünstler am Werk: Musiker, Artisten und Poeten, die Ihnen für etwas Kleingeld ein Ständchen halten, ein Kunststück aufführen oder ein Gedicht widmen.

Und wäre die Zeit jetzt nicht gut für einen Koffeinschub? Das berühmte Bewley's (S. 85) ist nach der Renovierung wieder Treffpunkt Nr. 1. Wenn Sie dort also noch nicht gefrühstückt haben, wäre ein Besuch nun sehr passend, wenn noch ein Platz frei ist.

Edel: Schaufenster von Brown Thomas (re. o.).
Im O'Donoghue's verweilt man gerne länger (re. u.).
Die Grafton Street ist Dublins Haupteinkaufsstraße (li.).

19.30 Uhr: Auf ein Pint oder zwei

In Richtung ⑩ ★★ St Stephen's Green geht's zur Baggot Street: Hier haben Sie die Wahl unter den schönsten der traditionellen Pubs der City. Um diese Zeit sind die meisten After-Work-Trinker im Business-Outfit schon weg. Deshalb finden Sie sicher einen gemütlichen Platz, bevor gegen 21 Uhr der Laden wieder richtig brummt und die Musik aufspielt.

Oder wie wäre es in der nahen Merrion Row mit einem Besuch des legendären O'Donoghue's (S. 112)? Eine tolle Atmosphäre und Livemusik locken. Zum Dinner können Sie auch bleiben. Es gibt Pub Food (Fish & Chips, Burger) – beste Grundlage für einen langen Abend!

ⓘ

Bewley's
✉ 78–79 Grafton St., D 2 🌐 www.bewleys.com
🕘 Mo–Fr 8.30–17.30, Sa 8.30–18, So 9–18 Uhr

❶ ★★ Trinity College & Book of Kells

Warum?	Schauen, wo Oscar Wilde und Samuel Beckett studierten
Was?	Die schönste Bibel-Handschrift der Welt ganz nah sehen
Wann?	An einem wolkenverhangenen Vormittag
Wie lange?	Mindestens eine Stunde
Was noch?	Über den Library Square bummeln und dessen 30 m hohen Campanile bestaunen
Was nehme ich mit?	Eine Seite in meinem Gedächtnis gespeichert, denn: Das Book of Kells darf nicht fotografiert werden

Oliver Goldsmith (o. re.), Schriftsteller, und Edmund Burke (o. li.), Philosoph, studierten am College.

Wenn Sie den friedlichen Campus von Irlands ältester und berühmtester Universität mit den prächtigen Gebäuden aus dem 18. Jh., den Rasenflächen und gepflasterten Innenhöfen betreten, ist es, als würden Sie in eine Welt fern des städtischen Trubels gelangen. Allseits bekannt ist das Trinity als die »Heimat« des unschätzbar wertvollen Book of Kells. Das verzierte Evangeliar gilt als das »schönste Buch der Welt«.

Im protestantischen Geist

Heinrich VIII. fing an, aber seine Tochter Elisabeth I machte die Reformation perfekt – 1592 gründete sie das Trinity College auf dem Gelände eines Augustinerklosters. Zu dieser Zeit lagen die Colleges außerhalb der Stadt. Elisabeths Ziel bei der Gründung des Trinity College war »die Reformation der Barbarei und der primitiven Leute«, indem die wahre Religion im Königreich proklamiert würde, um Irland durch Bildung und Heilung vom Papsttum zu »zivilisieren«. So wurde Trinity ein Sitz protestantischer Lehre. Ab 1873 durften auch Katholiken Professoren werden. Was allerdings die katholische Kirche nicht gerne sah, von 1871 bis 1970 verbat sie ihren Schäfchen den Besuch komplett. Von 16 000 Studierenden sind heute die Mehrzahl katholisch.

Mit 17 ha ist Trinity College eine der größten Universitäten Irlands. Wenig ist von den ursprünglichen Gebäuden erhalten geblieben. Jedoch umfasst der Campus einzigartige prunkvolle Räumlichkeiten aus dem 18. Jh. Der Haupteingang befindet sich auf dem College Green (gegenüber der Bank of Ireland, S. 101), heute eine verkehrsreiche Straßenkreuzung. Können Sie sich vorstellen, wie vor 400 Jahren hier noch das Vieh graste? Noch früher wurden hier Wikingerfürsten begraben.

Durch den Torbogen des Campanile fällt der Blick auf den Haupteingang.

Den Eingang zieren die Skulpturen zweier berühmter Absolventen, zum einen die des politischen Essayisten und Staatsmanns Edmund Burke und zum anderen die des Schriftstellers Oliver Goldsmith. Joyce beschrieb die elegante Fassade als »eine verdrießliche Frontansicht, ein trüber Stein im Ring der Dummheit, der die Stadt umgibt«. Ein unverdient hartes Urteil, stimmen die beiden doch passend auf das großartige Ensemble im Inneren der Universität ein. Unter den Absolventen des Colleges sind zahlreiche weitere Berühmtheiten.

Eintauchen in die Studienatmosphäre

Wenn Sie das College über den ersten Innenhof, den Parliament Square, betreten, sind Sie augenblicklich von einer akademischen Atmosphäre – einem Gefühl von Stille und

In den Läden der Nassau Street sind hochwertige kunsthandwerkliche Produkte zu kaufen, aus Tweed, Wolle, Leinen, auch Schmuck.

Abgeschiedenheit – umgeben. Die Kapelle links ist die einzige Kirche der Republik, die sich alle christlichen Konfessionen teilen. Der formale Klassizismus der Kapelle spiegelt sich auf der gegenüberliegenden Seite des Hofs an der Examination Hall mit ihrem noblen Säulengang wider, den verzierten Decken und einem prachtvollen vergoldeten Eichenkronleuchter, der ursprünglich im alten irischen Parlament hing. Beide Gebäude stammen aus dem späten 18. Jh. Kopfsteinpflaster, antike Laternen und gusseiserne Poller runden das Bild ab.

Im Glockengeläut zur Prüfung

Vor sich sehen Sie die meistfotografierte Ansicht von Trinity – den 30 m hohen Campanile (um 1853). Jeden Sommer läuten seine Glocken zum Beginn der Prüfungszeit.

Die roten Backsteinhäuser des Geländes werden Rubrics genannt. Mit ihrer ungewöhnlichen Architektur sind sie der älteste noch erhaltene Teil des College. Heute werden sie als Studentenunterkünfte genutzt – in Nr. 25 geht angeblich der ruhelose Geist eines erschossenen Tutors um. Rechts neben den Rubrics befindet sich die Old Library. Hinter ihr liegt Fellows' Square: ein grasbedeckter Innenhof, umringt von meist modernen Gebäuden, darunter der Douglas Hyde Art Gallery. Sie zeigt im jährlichen Wechsel sorgfältig ausgewählte Ausstellungen unbekannter Künstler.

Der irische Dramatiker Samuel Beckett (1906–1989) studierte am Trinity College romanische Sprachen und machte seinen Bachelor.

Der Eingang zur Old Library, einem der ältesten Gebäude des Campus, befindet sich gegenüber dem Buchladen zu Ihrer Linken. Hier liegt Trinitys wertvollster Schatz, das Book of Kells. Und auch der prachtvolle Long Room, die historische Bibliothek der Universität, hat hier ihren Platz.

Das Book of Kells

Obwohl es überraschend klein ist, ist das Book of Kells zweifellos eines der bedeutendsten erhaltenen Manuskripte des ersten christlichen Jahrtausends. Es umfasst eine aufwendig dekorierte lateinische Fassung der vier Evangelien, die auf Pergament niedergeschrieben und fantasievoll verziert wurden. Das Buch wurde in der Stadt Kells in der Nähe von Newgrange (S. 152) im County Meath entdeckt und möglicherweise von vier irischen Mönchen auf der Insel Iona vor

der schottischen Westküste um 800 n. Chr. hergestellt. Vermutlich sind sie sechs Jahre später nach einem Wikingerangriff nach Kells geflohen und haben das Buch hier vollendet. Die christliche Botschaft wurde zu jener Zeit in erster Linie mittels der Evangelien überliefert. Schriftgelehrte und Künstler, die solche Bücher produzierten, waren in der irischen Gesellschaft hoch angesehen. Aus Sicherheitsgründen wurde das Buch während der Cromwell-Periode um 1653 nach Dublin überführt.

Von dem Book of Kells werden in der Library einzelne Seiten im Wechsel gezeigt.

Ins Licht geholt

Auch andere wertvolle Manuskripte aus dem 7. und 8. Jh., etwa das Book of Durrow und das Book of Armagh, gehören zum Bestand der Bibliothek. In der exzellenten Ausstellung »Turning Darkness into Light« (Das Dunkel ins Licht gewendet) können Sie das Book of Kells sowie diverse andere Manuskripte in ihrem historischen und kulturellen Zusammenhang anschauen. Sie können Manuskriptabschnitte aus der Nähe betrachten und erfahren viel über die Techniken und die Farben: Kreide wurde für Weiß eingesetzt, diverse Erden für Rotbraun, Lapislazuli für Blau, Carbon für Schwarz und Kupfergrünspan für Grün. Am besten nehmen Sie sich ein wenig Zeit. Denn je länger Sie die Manuskripte,

Der irische Historiker und Politiker William E. H. Lecky studierte am Trinity College; die Skulptur im Park erinnert an ihn.

auch das Book of Kells, anschauen, desto mehr entdecken Sie: christliche Symbole (Löwen, Schlangen, Fische und Pfauen), kunstvoll verschlungene Knoten als Symbol für die Unendlichkeit, Sünder, Engel, Blumenranken und rätselhafte geometrische Formen.

In Holz und Leder

Im Long Room (18. Jh.) stehen über 200 000 der wichtigsten Bücher, Manuskripte und historischen Dokumente Irlands. 48 weiße Marmorbüsten von Gelehrten wie Jonathan Swift zieren den Raum, der stolze 66 m lang und 12 m hoch ist. Über zwei Ebenen ziehen sich deckenhohe dunkle Holzregale voller in Leder eingebundener Bücher. Die Ebenen sind mit Leitern und wunderschön geschnitzten Wendeltreppen miteinander verbunden.

Zum Bestand gehören auch einige Kopien der »Proclamation of the Irish Republic«, die den Beginn des Osteraufstands (1916, S. 47) markiert. Und Sie haben hier Irlands älteste Harfe (15. Jh.) vor Augen.

KLEINE PAUSE

Vom Selbstbedienungsrestaurant im **Kilkenny Shop** fällt der Blick aufs College (S. 107, 110). Alternativ können Sie den Studierenden in die Unicafés auf dem Campus folgen.

---

i

✢ 191 D3

Trinity College
✉ College Green, D2 (weitere Eingänge auf Nassau & Leinster St.)
☎ 01 896 10 00
◑ Campus tagsüber für Besucher geöffnet
🚌 alle Busse durch die Stadt; LUAS Trinity, DART: Pearse

The Old Library & Book of Kells
🌐 www.tcd.ie/visitors
◑ April–Sept. Mo–Sa 8.30–17, So 9.30–17, Okt–März Mo–Sa 9.30–17, So 12–16.30 Uhr
🎟 18,50 €

Douglas Hyde Gallery
☎ 01 896 11 16
🌐 www.thedouglashyde.ie
◑ Mi–So 12–17 (Do bis 18) Uhr 🎟 frei

Geführte Tour
Die 35-minütigen (15 €, 29 €, inkl. Book of Kells) Touren starten vom Front Square aus alle 25 Min. (Zeitplan beim Ticket Office am Front Gate).

❷★★ National Museum of Ireland – Archaeology

Warum?	Die größte Schatzkammer des Landes
Was?	Irlands Geschichte in Artefakten zum Greifen nah und anschaulich präsentiert
Wie lange?	Möglichst einen halben Tag
Was noch?	Mutige schauen sich die mumifizierten Moorleichen an
Was bleibt?	Die Erkenntnis, dass das »dunkle Mittelalter« sehr bunt und golden sein konnte

Feinste keltische Arbeit: das sogenannte Schiff aus Broighter

Das Museum fasst einen weiten Zeitraum: von 7000 v. Chr. bis zum Hochmittelalter. Natürlich gibt es hier viel zu entdecken. Zu den Höhepunkten gehört der Blick in eine der weltgrößten und schönsten prähistorischen Goldsammlungen.

Aber beginnen wir in der Eingangshalle: Sie betreten einen Rundbau mit gewölbter Decke, mit Säulen aus irischem Marmor und einem Mosaikfußboden, auf dem Sternzeichen abgebildet sind.

Im Erdgeschoss (»Prehistoric Ireland«) fühlen Sie sich in die Steinzeit zurückversetzt. Die Feuersteine, Gefäße, Werkzeuge, Waffen und Haushaltsutensilien stammen zum Teil aus der Zeit von 7000 v. Chr. Der riesige, aus einem einzigen

Eichenstamm geschnitzte Einbaum von Lurgan, Irlands ältestes Boot (ca. 2500 v. Chr.), ist ein besonderes Highlight. Ebenso spannend: das rekonstruierte, jungsteinzeitliche Ganggrab und ein bemerkenswert intakter Männerkörper, der jahrhundertelang in einem Moor in Galway lag, bevor er in die Hauptstadt gebracht wurde.

Die Kunst der Vorzeit und des Mittelalters ist im Museum greifbar.

Viele wichtige Stücke des Museums wurden zufällig in Torfmooren gefunden – dort können Gegenstände aus Metall, Stoff und Holz für Jahrtausende konserviert werden.

Die Ausstellungsstücke leiten Sie durch die wesentlichen Entwicklungen der jeweiligen Zeiträume und bilden den

Rahmen für »Ór – Ireland's Gold«: Dies ist die beeindruckende prähistorische Goldausstellung in der Raummitte. Der glänzende Goldschmuck aus der Bronzezeit (ca. 2000 bis 700 v. Chr.) umfasst ornamentale Halsketten, Perlen, Armreifen, Kleiderverschlüsse, fein beschlagene Lunulae (sichelförmige Halskragen) und Torcs (gedrehte Halsketten und Bünde) – Machart und Stil kopieren heute moderne Goldschmiede!

Sie können an einer 45-minütigen Führung teilnehmen; mittags und abends gibt es Lesungen.

Sagenhaft!

Das Museum hat eine Schatzkammer (Treasury)! Rechts neben der prähistorischen Sammlung haben Sie Zugang. Dort sehen Sie faszinierende, bunte mittelalterliche Kunst, darunter kleinere persönliche Gegenstände und Silbermünzensammlungen, aber auch wahre Highlights: Der Ardagh Chalice aus dem 8. Jh. ist ein aufwendig dekorierter Silberkelch, der von einem Arbeiter namens Quinn bei der Kartoffelernte in der Nähe von Ardagh in County Limerick gefunden wurde. In Unkenntnis seines wahren Werts verkaufte er seinen Fund für wenige Pfund an einen Arzt. Das prunkvolle Prozessionskreuz Cross of Cong mit seinen verflochtenen Ornamenten wurde 1123 für Turlough O'Conor, den König von Connacht, angefertigt und barg ein Relikt des wahren Kreuzes. Und dann die Tara Brooch (8. Jh.): Raffiniert sind die Kupferverzierungen auf dem silbernen Untergrund der Brosche, die mit Bernstein und buntem Glas besetzt ist.

Das Museum der Archäologie bildet mit dem Natural History Museum (S. 104) und dem Museum of Decorative Arts & History (S. 127) das National Museum of Ireland.

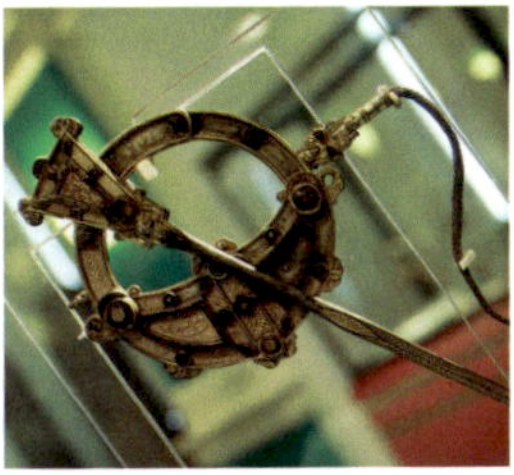

Die Tara Brooch kennzeichnet den Höhepunkt des irischen Schmuckhandwerks.

Unterwegs zu einer Moorleiche

Ein Stockwerk darüber lernen Sie den Dubliner Alltag in der Wikingerzeit (795–1170 n. Chr.) anschaulich kennen. Hier warten faszinierende Objekte auf Entdeckung – Töpfe und Pfannen, Schmuck, Spielsachen und sogar Malerei, die bei Ausgrabungen in den Gebieten Christ Church/Wood Quay gefunden wurden. Auf derselben Etage befindet sich die Galerie »Medieval Ireland« mit Ausstellungsstücken, die von Macht, von Arbeit und Gebet zwischen 1150 und 1550 berichten. Hier lassen sich das Leben der Adligen, Bauern und Geistlichen nachvollziehen, und der Stellenwert von Landwirtschaft, Waffen und Religion in der Gesellschaft der damaligen Zeit wird deutlich.

Eine weitere Abteilung befasst sich mit den in Irland ausgegrabenen »Moorleichen« der Eisenzeit. Aber auch königliche Insignien, Waffen und Utensilien für Feste sind zu sehen. Das Museum verfügt darüber hinaus über Funde aus dem alten Ägypten der Pharaonen.

KLEINE PAUSE

Das **Museumscafé** serviert leckere Snacks, Salate, Sandwiches und Pasteten. Oder Sie gehen zu **Kilkenny** (S. 106).

---

191 E1
Kildare St., D2
01 677 74 44 · www.museum.ie

Di–Sa 10–17, So/Mo 13–17 Uhr
frei · Bus 25, 33, 41, 51, 66, 67, 84; LUAS: Dawson, DART: Pearse

❼ ★★ National Gallery of Ireland

Warum?	Den irischen Beitrag zur Welt der schönen Künste genießen
Was?	Am besten geradewegs zur Jack B. Yeats Collection, zu Irlands »Nationalmaler« gewissermaßen
Wann?	Vorzugsweise *on a rainy day*
Wie lange?	Mindestens einen halben Vormittag, um auch nur einen Bruchteil zu sehen
Was noch?	Sich von der Kunst anstecken lassen und im Atrium selbst kreativ sein
Was nehme ich mit?	Die Lieblingsgemälde als Ansichtskarte, gleich im Dutzend!

In dieser Galerie ist Irlands größte Sammlung europäischer altmeisterlicher Kunst sowie eine bemerkenswerte Kollektion irischer Kunst vom späten 17. Jh. bis heute untergebracht. Über 16 000 Kunstwerke gilt es hier zu entdecken!

Die National Gallery wurde 1854 ohne bestehende Sammlung gegründet. Sie war eine Ehrenbekundung für William Dargan, den Begründer der irischen Eisenbahn und Organisator der legendären Dublin Exhibition von 1853 – einer riesigen Ausstellung zum irischen Kunsthandwerk und zur Industriekultur.

Luftig – das Café in der Nationalgalerie

Viele Gemälde jener Schau bildeten den Kern der frühen Ausstellung. Zehn Jahre nach dem Beschluss wurde die Galerie mit 112 Gemälden eröffnet. Die dauerhafte Ausstellung der Kunstwerke diente aufstrebenden irischen Künstlern als Inspiration.

Durch die Eröffnung des Millennium Wing 2002 für Sonderausstellungen vergrößerte sich die Galerie erheblich. Heute umfasst die Sammlung rund 2800 Ge-

Ausdrucksvoll sind die Gemälde der Alten Meister in der europäischen Abteilung.

mälde und Tausende andere Werke unterschiedlichster Art, darunter Aquarelle, Zeichnungen, Drucke und Skulpturen.

Die Malerei irischer Künstler macht den Großteil der ständigen Ausstellung aus. Die Yeats Ausstellung, 1999 eröffnet, ist der Arbeit des irischen Malers Jack Butler Yeats aus dem 20. Jh. und seiner Familie gewidmet. Interessant sind seine Stadtansichten Dublins und v. a. »The Liffey Swim«.

In der europäischen Abteilung im 2. Stock geht eine behagliche Ruhe von Vermeers »Briefschreiberin mit Dienstmagd« (um 1670) aus. Auch Caravaggios »Gefangennahme Christi« (um 1602) ist ein Meisterwerk. 1990 wurde es zufällig in den Dubliner Büros der Jesuiten entdeckt und sorgte für eine enorme Aufwertung des Rufs der Galerie.

Als Anerkennung für ihre prägende Rolle bei seinem Werdegang vermachte der Dramatiker George B. Shaw der Galerie ein Drittel seines Vermögens.

KLEINE PAUSE

Verwöhnen Sie sich mit leichter irischer Kost in der beliebten Weinbar **Ely** (S. 107) – nur einen Katzensprung von der Galerie entfernt. Oder genießen Sie zwischendurch einen Happen im **Galeriecafé,** um anschließend frisch gestärkt weitere Gemälde anzuschauen.

---

i

191 E2
Merrion Square West und Clare St.
01 661 51 33
www.nationalgallery.ie
Mo 11–17.30, Di/Mi, Fr/Sa 9.15–17.30, Do 9.15–20.30, So 11–17.30 Uhr; Führungen: Sa/So (an anderen Tagen Audioguides) frei
Bus 4, 7, 8, 39A, 46A; LUAS: Dawson, DART: Pearse

⑩ ★★ St Stephen's Green

Warum?	Ein Hauch Countryside in der Metropole
Was?	Joggen, flanieren, von der Parkbank aus die Dubliner beobachten
Wann?	Frühling, Sommer, Herbst, Winter und wieder Frühling
Wie lange?	Mindestens eine Stunde
Was noch?	Ein Selfie vor dem viktorianischen Musikpavillon
Was nehme ich mit?	Anregungen für die Gestaltung der Blumenbeete daheim

»The Green« war ursprünglich gewöhnliches Weideland. Es lag in der Nähe einer Leprakolonie und wurde für öffentliche Hinrichtungen genutzt. Bauprojekte rund um den Platz begannen 1663, als reiche Bürger hier ein Haus bauen konnten, wenn sie als Gegenleistung sechs gesunde Ahornbäume auf »The Green« pflanzten. In der zweiten Hälfte des 18. Jh.s galt der Ort dann als *place to be* für Aristokraten, die hier flanierten, um zu sehen und gesehen zu werden. Hinrichtungen gab es weiterhin, etwa fünf pro Jahr.

Am Eingang zum Park wird der rebellische Wolfe Tone, radikaler Anführer der irischen Unabhängigkeitsbewegung, mit einer Skulptur geehrt.

Wohnen am Grün

An jeder Seite des Parks zogen sich Wege, jeweils fast 500 m lang, mit eigenen Namen entlang. Der begehrteste war der »Beaux Walk« auf der Nordseite. Er ist bis heute der beliebteste und vom exklusiven Shelbourne Hotel (S. 100) aus zu überblicken.

Eine ganz besondere Atmosphäre bietet Stephen's Green bei Dunkelheit, auch wenn die Tore zum Park dann geschlossen sind: Abends können Sie sowohl die georgianischen Eingänge rundherum am besten bewundern als auch einen flüchtigen Blick in das beleuchtete Innenleben des einen oder anderen großen Hauses werfen. Was Sie gleich sehen, sind die geräumigen Salons mit den hohen Wänden. Sie sind im Allgemeinen mit Stuckarbeiten, Holzvertäfelungen und Marmorkaminen geschmückt.

Kleine Fluchten

Haben Sie eine Decke oder einen Mantel dabei? Falls nicht – macht nichts, dann setzen Sie sich auf eine der vielen Parkbänke. Für die Dubliner ist »The Green«, der Stadtpark, alles andere als ein Geheimtipp und er ist beliebt bei Studenten wie Börsenmaklern. Zur Lunchzeit rückt man mit Getränken, Sandwiches und Spezialitäten aus den nahen Delis (heißen Theken) an, um ein rasches Picknick zu improvisieren. Höchstens ein Gewitter vermag die Dubliner von diesem Genuss abzuhalten.

Im Jahr 1877 wurde St Stephen's Green, zu einem öffentlichen Park erklärt. 1880 finanzierte Arthur Edward Guinness (später Lord Ardilaun) aus Brauereigeldern die Renovierung. Heute hat dieser 9 ha große »National Historic Park« mit viel Grün, viktorianischen Blumenrabatten, malerisch angelegten Wegen, Teichen, Brunnen, Musikpavillons und den vielen Skulpturen berühmter Dubliner einen besonderen Platz in den Herzen der Stadtbewohner.

Dem Vergessen entrissen

James Joyce bezeichnete den Park als »die Seele der Stadt«.

Die Hauptdenkmäler des Parks stehen an den Eckeingängen. Der Fusilier's Arch, der einem römischen Triumphbogen gleicht, gedenkt am Eingang an der Grafton Street der Soldaten der Royal Dublin Fusiliers, die im zweiten Burenkrieg in Südafrika getötet wurden. Der Three Fates Fountain (Brunnen der drei Parzen) am Leeson-Street-Eingang war ein Geschenk der Bundesrepublik Deutschland als Dank für die Flüchtlingshilfe der Iren nach dem Zweiten Weltkrieg. Das Denkmal nahe der Merrion Row ist auch als Tonehenge bekannt – es stellt den »Vater« des irischen Republikanismus dar: Theobald Wolfe Tone (S. 25).

Gebäude voller Bedeutung und Stuck

Mehr als eine Vogeltränke im Park: ein Kunstwerk

Es gab nie ein Gesamtkonzept für die Gebäude und den Park St Stephen's Green. Das erklärt den Stilmix der Bauten in dieser Gegend. Das Royal College of Surgeons auf der westlichen und das Newman House auf der südlichen Seite gelten als die prachtvollsten georgianischen Gebäude Dublins überhaupt.

Das international renommierte Royal College of Surgeons mit über 4000 Studenten aus aller Welt wurde 1806 von Edward Parke entworfen und ist mit einer neoklassizistischen Granitfassade und den abgerundeten Fenstern ein wahres Juwel der Stadt. Die drei Skulpturen oberhalb des Giebels sind Hygieia (Göttin der Gesundheit), Asklepios (Gott der Medizin) und Athene (Göt-

Das Shelbourne Hotel ist eine ehrwürdige Dubliner Institution.

tin der Weisheit). Das Gebäude spielte im Osteraufstand von 1916 eine wichtige Rolle. Es wurde von Irish Citizen Army unter »Gräfin« Markiewicz (S. 25) besetzt. Wenn Sie genau hinschauen, erkennen Sie Einschusslöcher in der Fassade.

Zwei restaurierte georgianische Stadthäuser bilden zusammen das Newman House (Nr. 85–86) und zeigen einige von Irlands kunstvollen Stuckarbeiten des 18. Jh.s Der Bishop's Room, Hopkins' Arbeitszimmer und der Apollo Room – der von einem prachtvollen Apollon, seinen neun Musen und unzähligen Putten geziert wird – sind beeindruckend. 1854 wurden die Gebäude Teil der ersten genehmigten römisch-katholischen Universität. Ironischerweise wurde Gebäude Nr. 86 ursprünglich für den radikal antikatholischen Politiker Thomas »Burnchapel« Whaley errichtet. Kardinal Newman war der erste Rektor. Die Steinlöwen am Eingang der Universität haben legendäre Persönlichkeiten kommen und gehen sehen, als sie diese Universität besuchten, darunter die Schriftsteller James Joyce und Flann O'Brien, sowie Führer des Osteraufstandes 1916.

Neben dem Newman House befindet sich die University Church. Die Kirche, von außen eher unspektakulär, ist eine beliebte Hochzeitslocation und ein Schmuckstück neobyzantinischer Pracht. 1939 stiftete Rupert Guinness, 2. Graf von Iveagh, dem Staat das benachbarte Iveagh House. Die

Innenräume, in denen das Außenministerium einquartiert ist, zählen zu den luxuriösesten Räumlichkeiten in Irland, sie sind jedoch nicht öffentlich zugänglich. Etwas versteckt liegt ein reizender Park: die Iveagh Gardens (S. 32).

Das prominenteste Gebäude des Viertels, das Shelbourne Hotel (S. 109), ist sogar in James Joyce' »Ulysses« verewigt – es ist ideal für den klassischen Nachmittagstee. Seit fast zwei Jahrhunderten heißt es berühmte Personen willkommen, Mitglieder des englischen Königshauses wie Rockstars. Hinter seinen Wänden wurde Geschichte geschrieben: Die

Unter alten Bäumen dehnen sich gepflegte Rasenflächen aus.

Briten nahmen das Hotel während des Osteraufstands 1916 in Beschlag. Sogar in dieser Zeit wurde auf einwandfreien Service Wert gelegt. Der Nachmittagstee wurde nie gestrichen, sondern höchstens ins Schreibzimmer verlegt. 1922 wurde hier die Freistaatsverfassung verfasst.

KLEINE PAUSE

Rund ums Green gibt es viele stilvolle Restaurants, etwa **Hugo's** (www.hugos.ie) in der Merrion Row.

---

i

191 D1

Park

www.ststephensgreenpark.ie

Mo–Sa ab 7.30, So/Fei ab 9.30 Uhr; Tore werden mit der Abenddämmerung geschl.

Bus 7, 8, 11, 25, 33, 37, 38, 46A; LUAS: St Stephen's Green

Newman House

01 716 59 00

www.moli.ie

So 15 Uhr 5 €

Nach Lust und Laune!

20 National Wax Museum Plus

Dublins Antwort auf Madame Tussauds ist nicht nur für Kinder ein Riesenspaß. Das Museum setzt sich vor allem mit Persönlichkeiten und Ereignissen auseinander, die die Geschichte Irlands geformt haben. Hier stehen lebensgroße Figuren von Persönlichkeiten wie dem Nationalisten Robert Emmet (S. 46), dem Schriftsteller James Joyce, dem Taoiseach (Premierminister). In der Halle der Megastars betritt man die Welt des Pop und trifft u. a. auf U2. Beliebt beim Nachwuchs ist die Chamber of Horrors.

191 D4 · 22–25 Westmoreland St.
01 6 71 83 73
www.waxmuseumplus.ie
tgl. 10–19 Uhr · 18 €, Kinder 13 €

21 Bank of Ireland (Parliament House)

Giebelbekrönte Fassade der Bank of Ireland

Die geschwungene palladianische Fassade der Bank of Ireland macht das Gebäude zu einem der eindrucksvollsten Dublins. Es wurde 1729 von Edward Lovett Pearce als Quartier für das Irische Parlament entworfen und war damit das erste eigens für ein Parlament errichtete Bauwerk der Welt, das zwei Kammern der legislativen Gewalt beherbergte.

Mehr als ein halbes Jahrhundert lang war dieses Gebäude der Regierungssitz Irlands. 1782 war es Schauplatz der Unabhängigkeitserklärung der irischen Nation. Doch 1800 wurde das Gebäude überflüssig, als die – vermutlich bestochenen – irischen Parlamentarier im »Act of Union« die Selbstverwaltung des Landes von Dublin nach London übertrugen.

Die Bank of Ireland kaufte 1802 das Parliament House für 40 000 irische Pfund. Im House of Lords können Sie während der Banköffnungszeiten die original erhaltene gewölbte Kassettendecke, Eichen- und Marmorkamine, Waterford-Kronleuchter und prunkvolle Wandteppiche besichtigen. Der Umbau in eine Bankfiliale beseitigte alle Spuren des Unterhauses. Nur der Amtsstab von 1745 ist erhalten geblieben und kann im House of Lords entdeckt werden. Und derzeit wird einmal mehr umgebaut und renoviert.

191 D3 · College Green, D2
01 661 59 33 · House of Lords: Mo–Fr 10–16, Do bis 17 Uhr
frei · alle Innenstadtbusse

22 Grafton Street

Die Straße ist in so manchen Liedern und Geschichten verewigt und ein absolutes Muss für jeden Besucher. Von morgens bis abends ist die Fußgängerzone voller Leben und es herrscht eine elektrisierende Atmosphäre zwischen Geschäften und den einladenden Cafés und Pubs.

> 191 D2 ✉ Grafton St., D2
> alle Innenstadtbusse, LUAS: St. Stephen's Green

23 St Ann's Church

Den besten Blick auf die neoromanische Fassade der St Ann's Church hat man von der Anne Street aus. 1720 wurde die Kirche wegen der sich rapide entwickelnden georgianischen Vororte gebaut. Sie verfügte über private Kirchenbankreihen für bedeutende Anwohner wie den Erzbischof, den Oberbürgermeister oder den Duke of Leinster. Nationalistenführer Theobald Wolfe Tone (S. 25) heiratete 1785 hier – genauso wie 1878 Bram Stoker, der Autor von »Dracula«.

Der in Dublin geborene Wohltäter Thomas Barnardo besuchte als Kind an diesem Ort die Sonntagsschule. 1869 errichtete er ein Jungenheim in Londons East-End-Slums – der Anfang einer Reihe solcher Heime für obdachlose Kinder, genannt Barnardo's Homes.

Auch St Ann's hat eine lange Charity-Tradition. 1723 spendete Lord Newton sein Erbe, um die Armen wöchentlich mit 120 Brotlaiben zu versorgen. Jeder Hilfsbedürftige durfte sich ein Brot aus dem Regal neben dem Altar nehmen.

> 191 D2 ✉ Dawson St., D2
> ☎ 01 676 77 27
> http://stann.dublin.anglican.org
> Mi–Fr 11–14 Uhr · frei · alle Innenstadtbusse: LUAS: Dawson

24 National Library of Ireland

Die National Library wurde 1890 als Bibliothek der adligen Gesellschaft Dublins eröffnet. Von Anfang an war man bemüht zu sammeln, was in Irland oder weltweit über Irland veröffentlicht wurde. Etwa 5 Mio. Objekte lagern in 11 km langen Regalen und riesigen Archiven. Außerdem wird hier das Geburtsurkundenregister verwaltet. Im zuständigen Büro werden Wappen

Psst! Es wird intensiv gelesen in der Library.

entworfen und genehmigt und man hilft jedem Menschen mit irischen Vorfahren, etwas über seine Ahnen herauszufinden.

Um in den Hauptbereich der National Library zu gelangen, müssen Sie ein Readers Ticket haben (online beantragen). Das Prunkstück ist ein wunderschöner kuppelartiger Lesesaal mit schmalen Bogenfenstern, die Wandpfeiler teilen. Besonders atmosphärisch ist dieser Ort, wenn an einem trüben Winterabend auf jedem Schreibtisch eine Leselampe leuchtet und die Kuppel noch imposanter erscheint.

2002 erwarb die National Library eine bemerkenswerte Manuskriptsammlung von James Joyce. Diese umfasst Entwürfe des »Ulysses«, die bis dahin unbekannt waren. Zusammen mit anderem Material aus Joyce' Arbeit und Leben werden die Manuskripte heute in einer Ausstellung gezeigt und Hintergrundinformationen zu seinem bahnbrechenden Roman vermittelt (S. 133).

191 E2 ✉ Kildare St., D2
☎ 01 603 02 00 🌐 www.nli.ie
🕒 Mo, Do/Fr 9.30–17, Di/Mi 9.30–19 Uhr 🎟 frei
🚌 Bus 7B, 7D, 11, 39A, 46A, 116, 118, 145; LUAS: Dawson, DART: Pearse St.

25 Leinster House

Das Leinster House ist wohl Dublins schönstes georgianisches Stadthaus. Als der Graf von Kildare 1745 das Kildare House auf einer Grünfläche südlich des Trinity College bauen

Feiner Rhythmus: Fassade des Leinster House

ließ, folgten viele seinem Beispiel. Das Haus war also der Startpunkt für die georgianischen Straßen und Plätze dieser Gegend. 1766 wurde das Anwesen umbenannt, nachdem der Graf Duke of Leinster wurde. Es war das größte georgianische Stadthaus Irlands, doch angeblich konnte der Duke es nie leiden.

Auch konnte er sich mit seinem Architekten nicht darüber einig werden, welche Seite des Hauses die Schauseite sein sollte. Man entschied sich für beide: Die Fassade in der Kildare Street sieht aus wie die eines großen, kunstvollen Stadthauses, während die am Merrion Square der eines Landguts gleicht. 1922 mietete sich das Parlament ein, 1924 kaufte der Freistaat das Anwesen, heute noch ist das Gebäude Sitz des Oireachtas, der irischen Legislative.

191 E1 ✉ Kildare St., D2
☎ 01 618 30 00
🌐 www.oireachtas.ie
🕒 nur auf Einladung durch einen Abgeordneten oder Senator
🚌 Bus 11, 14, 15, 25, 38, 39, 128, 145; LUAS: Dawson, DART: Pearse St.

26 National Museum of Ireland – Natural History

Das zoologische Museum wurde bereits 1857 eingeweiht. Die Sammlung von Tierpräparaten, aufbewahrt in alten viktorianischen Schränken, zählt zu den schönsten und umfangreichsten ihrer Art weltweit. Trotz des Spitznamens »der tote Zoo« vermag die Sammlung von über 2 Mio. Spezies (mehr als die Hälfte sind Insekten) sowohl junge als auch ältere Menschen in Staunen zu versetzen.

Der im Erdgeschoss gelegene Irish Room illustriert eine erstaunliche Bandbreite der irischen Wildnis, während die World Animals Collection im oberen Geschoss eine Sammlung mit Tieren aus aller Welt fasst. Unter anderem hängt dort das 22 m lange Skelett eines Finnwals, der im irischen County Sligo gestrandet war.

2010 eröffnete eine interaktive Discovery Zone, in der die Besucher Schubladen öffnen und Exponate inspizieren dürfen.

191 E1 Merrion St., D2
01 677 74 44
www.museum.ie
Di–Sa 10–17, So/Mo 13–17 Uhr
frei Bus 11, 18, 25, 116, 118, 120, 145, LUAS: Dawson

Georgianische Schönheiten am Merrion Square

27 Merrion Square

Merrion Square ist einer der größten und eindrucksvollsten georgianischen Plätze der Hauptstadt. Seine typischen vierstöckigen Reihenhäuser mit den farbenfrohen Eingängen sind in ausgezeichnetem Zustand. Sie werden bemerken, dass die Fenster in den oberen Etagen zunehmend niedriger werden – diese Bauweise lässt die Gebäude höher erscheinen. In den niedrigeren Räumen wohnte meist Personal.

Die ältesten und schönsten Häuser befinden sich auf der Nordseite. Darunter ist Nr. 1, das Oscar Wilde House (für Besucher leider nicht zugänglich). Hier verbrachte der 1854 geborene Schriftsteller seine Kindheit (S. 21). Über die Jahre wurde der Square zum Wohnort einiger prominenter Dubliner: In Nr. 58 war der »Befreier« Daniel O'Connell zu Hause; der Schriftsteller Joseph Sheridan Le Fanu (1814–1873), der mit Schauerliteratur bekannt wurde, lebte in Nr. 70 und W. B. Yeats in Nr. 82. In der nordöstlichen Ecke sehen Sie das 1884 gegründete National Maternity Hospital mit einer neogeorgianischen Fassade.

Westlich befinden sich die National Gallery of Ireland (S. 94) und das Leinster House (S. 103).

Der Merrion Square Park war bis 1974 allein Anwohnern vorbehalten, heute darf man tagsüber auch als Normalsterblicher darin flanieren.

Unter Bäumen stehen Büsten von Michael Collins und Henry Grattan, die sich für die Unabhängigkeit Irlands einsetzten. Auffallend farbenfroh ist die Skulptur von Oscar Wilde gegenüber seinem ehemaligen Haus.

Die Stadt besaß schon immer eine bunte Vielfalt an Straßenbeleuchtung. Unterschiedliche Straßenlaternentypen zieren die Pfade des Platzes. Es lohnt sich, hier mal genauer hinzuschauen und sie bei einem kleinen Rundgang zu vergleichen.

191 F1
Merrion Sq., D2
Bus 11, 18, 25, 116, 118, 120, 145;
DART: Pearse St.

28 Little Museum of Dublin

In einem Wohnhaus am St. Stephen's Green werden Geschichte und Geschichten der Hauptstadt lebendig, oft mithilfe eher kleiner und manchmal sehr kurioser Artefakte – ein etwas anderes Museum mit hohem »Stöberfaktor« und interessanten Details.

191 D1
15 St. Stephen's Green, D2
01 661 10 00
www.littlemuseum.ie
tgl. 9–17 Uhr; Führungen zu jeder vollen Stunde 15 €
alle Innenstadtbusse, LUAS: St. Stephen's Green

Einladender kann ein städtischer Park kaum sein: Frühling am Merrion Square

Wohin zum ... Essen und Trinken?

Preise für ein Drei-Gänge-Menü ohne Getränke:

€	unter 30 Euro
€€	30 bis 50 Euro
€€€	über 50 Euro

Avoca Café €

Der Flagshipstore des berühmten Kunsthandwerkladens Avoca Handweavers liegt im County Wicklow südlich von Dublin – mittlerweile gibt es aber eine große Filiale in der Dubliner Innenstadt (S. 110) mit einem Café, wo man mittags essen kann. Zur Wahl stehen herzhafte hausgemachte Suppen, kreative Salate, frisch gepresste Säfte und leckere Desserts. Die Sahnetorte zum Nachmittagstee ist köstlich.

191 D2 ✉ 11–13 Suffolk St., D2
☎ 01 677 42 15 🌐 www.avoca.ie
Mo–Sa 9–18, So 10–18 Uhr

Baan Thai €€

Die Einrichtung des beliebten Thai-Lokals mit dunklen Holzpaneelen, kunstvoll geschnitzter Theke und gerahmten orientalischen Drucken schafft eine luxuriöse und dennoch gemütliche Atmosphäre. Außer der angeblich besten Tom-Yum-Suppe von ganz Dublin schmecken Thai-Klassiker wie scharfes Entencurry, mildes Hühnchencurry und *pad thai* (gebratene Reisnudeln mit Garnelen oder Hühnchen).

189 D2 ✉ 16 Merrion Rd., D4
☎ 01 660 88 33 🌐 www.baanthai.ie
So–Do 17.30–22.30, Fr/Sa 17.30–23 Uhr

Butlers Chocolate Café €

Gönnen Sie sich in diesem kleinen Café mit Schokoladenshop einen Kaffee – sei es ein Cortado, Latte oder White Americano – oder Butlers hausgemachte irische Schokolade. Jedes Heißgetränk wird hier mit einem Schokoladenstück serviert. Im Sommer genießt man bei Butlers einen Milchshake oder ein Frappé.

191 D2 ✉ 24 Wicklow St., D2
☎ 01 671 05 91 🌐 www.butlerschocolates.com
Mo–Fr 7.30–21, Sa 8–20, So 9–20 Uhr

Café en Seine €€

Hinter der unauffälligen, türkisfarbenen Fassade dieses Restaurants mit Bar erwartet Sie ein Belle-Époque-Rausch: Tische und Wände aus Marmor, Oberlichter, Jugendstilllampen in Form von Frauenkörpern und goldgeränderte Spiegel. Mittags locken Gourmet-Sandwiches, Salate oder Meeresfrüchte-Specials, abends Klassiker wie

Café en Seine mit wunderschönem Jugendstil-Ambiente

französische Zwiebelsuppe, Risotto und Rindersteak. Der Jazzbrunch am Sonntag ist sehr populär, aber auch sonst gibt es oft Musik – und leckere Cocktails.
191 D1 40 Dawson St., D2
01 677 45 67 www.cafeenseine.ie
Mo–Mi 11.30–23.30, Do 11.30–1, Fr/Sa 11.30–2.30, So 11.30–24 Uhr

Hugo's €€–€€€
Restaurant und Weinlokal, in dem traditionelle Gerichte der irischen Küche serviert werden – die frischen Austern aus Carlingford gehen dann schon mal eine unerwartete, aber Genuss bringende Fusion mit vietnamesischen Saucen ein.
191 E1 6 Merrion Row, D2
01 676 59 55 www.hugos.ie
Di–Fr 12–15.30, Di–So auch 17–22 Uhr

La Cave €€
Die älteste französische Weinbar der Stadt serviert neben viel Atmosphäre einfache Bistrokost zu erschwinglichen Preisen, ergänzt durch eine schier endlose Weinkarte (275 Tropfen!). Das winzige Kellerlokal spart nicht an nostalgischen Bistroklischees: Fin-de-siècle-Plakate, rot-weiß karierte Tischdecken und Kerzen. Viele Gäste kommen nach dem Theaterbesuch auf ein Glas Wein, andere auf einen späten Happen.
191 D2 28 Anne St. South, D2
01 679 44 09 www.lacavewinebar.com
Mo–Sa 12–16 und 16–22.30 (Weinbar bis 2), So 17–23 Uhr

The Chili Club €€
Das kleine, intime Thai-Restaurant war das erste seiner Art in Dublin und liegt versteckt in einer Seitenstraße der Grafton Street. Der Service ist freundlich und aufmerksam, das Essen authentisch Thai.
191 D2 1 Anne's Lane, Anne St. South, D2
01 677 37 21 www.chiliclub.ie
Mi–Fr 12.30–14.30 und Di–So 17–22 Uhr

Cornucopia €–€€
Der Duft köchelnder Stews empfängt Sie in Dublins bestem veganen Restaurant. Das etwas vollgestopft wirkende Innere hat einen Charme, der nur vom Essen übertroffen wird: z. B. marokkanischer Kichererbsen-Schmortopf oder Spinat- und Haselnuss-Cannelloni. Die Tagessuppe ist ein Schnäppchen, außerdem stehen zahlreiche Salate zur Wahl. Gönnen Sie sich eine Flasche des Bio-Hausweins zum Essen. Zum Frühstück (das bis mittags dauern kann) gibt es u. a. leckeren Tofu-Parmesan Mix auf Vollkorntoast.
191 D2 19 Wicklow St. D2
01 677 75 83 www.cornucopia.ie
Mo–Mi 8–20, Do–Sa 8–21.30, So 9–19 Uhr

F. X. Buckley Steakhouse €€€
Wenn traditionelle irische Küche sich mit dem Duft der großen weiten Welt schmückt, dann kommt ein Steakhouse heraus, dass seltene Rinder in texanischen Portionen serviert. Nicht wirklich ein Schnäppchen (wir speisen hier auch in einer der »besseren Gegenden«), aber ein Erlebnis allemal. Und schnöde mit Lager herunterspülen muss nicht sein, die erlesene Weinkarte sorgt für ein abgerundetes Gourmeterlebnis. Zumindest ab 15 Uhr sorgt dann aber auch die Rechnung für rapide Ausnüchterung.
188 B3 1a Pembroke St. Lower, D2
01 676 46 05
www.thebuckleycollection.ie
Mo–Fr 12–22, Sa 13–22, So 12.30–21 Uhr

Ely €–€€
Die moderne Weinbar im Keller und Erdgeschoss eines stilvoll sanierten georgianischen Stadthauses kommt gut an. Für die exzellenten irischen Gerichte wandern Spitzenprodukte vom Biohof des Besitzers in den Topf. Die Küche serviert Suppen, Würstchen mit Püree, Irish Stew vom Biolamm, irische Austern und echtes Dublin Coddle (mit Wurst, Schinken und Kartoffeln) – dazu stehen 60 verschiedene offene Weine zur Wahl.
188 B4 22 Ely Place, D2
01 676 89 86 www.elywinebar.ie
warme Küche Mi–Sa 17–21.30, Weinbar abends bis ca. 23 Uhr

Kilkenny €
Im ersten Stock des berühmten Kilkenny Shop (S. 110) bietet sich dieses gut besuchte Selbstbedienungsrestaurant für Erfri-

schungen bei einem Einkaufsbummel in der Gegend an. Zur Auswahl stehen z. B. deftige Quiches, reichhaltige Stews, Suppen, Sandwiches, hausgemachtes Brot und Kuchen – alles aus hochwertigen Zutaten ohne Zusatzstoffe. Im Laden unten können Sie einkaufen.
191 D2 6 Nassau St., D2
01 677 70 75
www.kilkennyshop.com
Mo–Sa 8.30–17.30, So 11–17 Uhr

Marco Pierre White Steakhouse & Grill €€–€€€

Mit diesem Steakhouse des namhaften Küchenchefs Marco Pierre White hat bezahlbarer Glamour in Dublin Einzug gehalten. Auf der Karte finden sich Vorspeisen wie Krebse und Langusten (je nach Saison selbstverständlich), perfekt geräucherter Lachs und Entenpaté, als Hauptgerichte irisches Steak und Fisch.
191 D2 51 Dawson St., D2
01 677 11 55
www.marcopierrewhite.ie
Mo–Sa 12–22, So 13–22 Uhr

Tang €

Der Nahe Osten im Dubliner Süden: Besonders bei den Beamten und Angestellten in den Büros am St. Stephen's Green ist dieses kleine, feine Bistro äußerst beliebt. Liegt an Qualität und Frische, aber auch an der Alternative zum ewigen »Sandwich mit einer Tüte Kartoffelchips«. Ideal für einen Brunch, das Shakshuka ist eine Sünde wert, und Spiegelei mit Hummus isst man ja auch nicht jeden Tag. Dazu einen türkischen Tee, und es geht gestärkt weiter.
191 D1 28c Dawson St., D2
01 873 36 72 www.tang.ie
Mo–Fr 8–15.30, Sa 9.30–16 Uhr

One Pico €€–€€€

Besitzer und Küchenchef Eamonn O'Reilly kann die Awards für sein schickes Restaurant kaum noch zählen. Mit Hingabe und Händchen sucht er lokale Produkte aus, die er kulinarisch veredelt. Auf den Tisch kommen einfallsreiche Gerichte wie Langustenrisotto mit Trüffelschaum oder Schweineplatte mit Jakobsmuscheln. Man muss keine Bank überfallen, um sich das Mittagsmenü leisten zu können.
191 E1 5–6 Molesworth Place, Schoolhouse Lane, bei St Stephen's Green, D2
01 676 03 00 www.onepico.com
Di/Mi 17–21, Do–Sa 12–14.15 und 17.30–21.30 Uhr

Patrick Guilbaud €€–€€€

Eines der Toprestaurants in Dublin (im Merrion Hotel) mit entsprechend hohen Preisen. Der mit zwei Michelin-Sternen ausgezeichnete Küchenchef Patrick Guilbaud ist berühmt für seine beeindruckende Kombination aus französischer Haute Cuisine und traditionell irischen Einflüssen, für die erstklassige lokale Produkte zum Einsatz kommen. Die Gerichte sind erfrischend einfach, das ganze Lokal ist ultra-edel und der Service peinlich genau. Eine gute Wahl für eine besondere Gelegenheit! Zur Mittagszeit essen hier vor allem Geschäftsleute.
191 E1 Merrion Hotel, 21 Merrion St. Upper, D2 01 676 41 92
www.restaurantpatrickguilbaud.ie
Di–Sa 12.30–14 und 19–22.15 Uhr

Pearl Brasserie €€€

Vielfach ausgezeichnet ist das französisch-irische Restaurant im Kellergeschoss eines typischen Dubliner Stadthauses. Man spürt gleich die edle und zugleich behagliche Atmosphäre des Restaurants. Es gibt eine kleine, nach Jahreszeiten wechselnde Speisekarte, auf der man sowohl klassisches Irish Rib Eye Steak als auch Artischockengratin und geräucherte Entenbrust mit getrüffelten Stampfkartoffeln findet. Unterschiedliche Gerichte bereitet man hier für Vegetarier zu – und ungewöhnliche, hervorragende Desserts.
191 E1 20 Upper Merrion St.
01 661 35 72 www.pearl-brasserie.com
Mo–Mi 17.30–22.30, Do–Sa 17.30–23, Mi-Fr auch 12–14.30 Uhr

The Pig's Ear €–€€

Irisches Sodabrot, Wildlachs und Holundersahne-Eiscreme: eine der besten Adressen für hochwertige irische Küche mit Zutaten von lokalen Produzenten, teilweise mit Blick

auf den Trinity College Park. Zum Lunch lockt ein günstiges Zwei-Gänge-Menü; abends empfängt eine edle, etwas formelle Atmosphäre die Gäste.
191 D2 ✉ 4 Nassau St., D2
☎ 01 670 38 65 🌐 www.thepigsear.ie
🕗 Di–Sa 17.30–21 Uhr

Roly's Bistro €€
Groß, laut und lebhaft gibt sich dieses zweistöckige Lokal in Ballsbridge. Es gehört zu den besten in Dublin (reservieren!) und tischt französische, irische sowie internationale Klassiker auf, darunter Clonakilty-Blutwurst im Brioche-Mantel, Kerry-Lammpastete und Garnelen aus der Dubliner Bucht mit Knoblauch, Chili und Zitrone.
189 D3 ✉ 7 Ballsbridge Terrace, D4
☎ 01 668 26 11 🌐 www.rolysbistro.ie
🕗 tgl. 9–21 Uhr

Shanahan's €€€
Das Steakhaus im amerikanischen Stil liegt in einem vornehmen georgianischen Herrenhaus und ist für sein irisches Angus-Rindersteak, Meeresfrüchte und die imposante Weinkarte bekannt. Vor dem Dinner nimmt man im Oval Office einen Drink – die Bar ist mit Erinnerungen an US-amerikanische Präsidenten mit irischen Wurzeln gestaltet.
191 D1 ✉ 119 St Stephen's Green, D2
☎ 01 4 07 09 39 🌐 www.shanahans.ie
🕗 Di–Sa 17.30–23, Fr auch 12.30–14 Uhr

The Shelbourne Hotel €€€
Wer nicht in diesem historischen Hotel (S. 176) war, war nicht in Dublin! In der Constitution Suite wurde 1922 die irische Verfassung ausgearbeitet – heute wird hier ein privates Dinner geboten. Nehmen Sie in der Horseshoe Bar einen Aperitif, ehe Sie im »Saddle Room«, einem der besten Restaurants am Ort, ganz stilvoll die Gerichte der neuen irischen Küche, beste Steaks und lokales Seafood genießen.
191 D1 ✉ 27 St Stephen's Green, D2
☎ 01 663 45 00 🌐 www.theshelbourne.com
🕗 Afternoon Tea: 12.30, 14.30 und 17 Uhr; Restaurant: 6.30–10.30, 12.30–14.30 und 17.30–22 Uhr

Wohin zum ... Einkaufen?

MODE

Im Shoppingviertel rund um die Grafton Street haben Sie die Qual der Wahl. Dublins Haupteinkaufsmeile bietet alles: von

Stephen's Green Shopping Centre, eines der bekanntesten Einkaufszentren Dublins, liegt im Herzen des Stadtzentrums am südlichen Ende der Grafton Street.

britischen Ketten (Next, Jigsaw, Warehouse, Monsoon, Marks & Spencer ...) bis zu internationalen Designerläden und kleinen Boutiquen.

»Angesagt« sind &other stories (Nr. 26–27), Boss (Nr. 67–68), Ted Baker (Nr. 42) oder auch Victoria's Secret (Nr. 28–29). Asha (St Stephen's Green Shopping Centre, D2, www.ashadublin.com) steht für einen alternativen Kleidungsstil und Accessoires für Rock'n'Roll-Liebhaber; bei Alias Tom (Duke Lane, D2) decken sich Stilbewusste mit Marken wie Dolce & Gabbana, Paul Smith, Issey Miyake und Prada ein.

Thomas Patrick Shoes (77 Grafton St., D2; www.thomaspatrick.com) hat megastylishe Schuhe für Damen und Herren; in Carl Scarpa's Boutique (25 Grafton St., D2, www.carlscarpa.com) fällt die Wahl unter den trendigen italienischen Stiefeln und Schuhen nicht leicht.

Das Highlight der Grafton Street ist Brown Thomas (88 Grafton St., D2; www.brownthomas.com), Dublins glamourösestes Kaufhaus, vor allem die Schaufensterdekoration zu Weihnachten ist legendär. Hier finden Sie schicke Einzelteile, internationale Mode und irische Designer, Hüte, Schuhe, Wäsche und Kosmetik. Alles etwas im Boutique-Stil präsentiert. Skurril: Die Eingangstür hält Ihnen ein älterer Herr mit Frack und Zylinder auf.

Am Südende der Grafton St. befindet sich im St Stephen's Green Centre eine Filiale von Dunnes (www.stephensgreen.com) mit allem rund um Mode, Homestyle und Genuss.

IRISCHE SOUVENIRS

In der Nassau Street, einer am Trinity College entlangführenden Querstraße der Grafton Street, konzentrieren sich touristische Souvenirshops – darunter ein, zwei Kleinode, die herausragendes irisches Kunsthandwerk und Strickware verkaufen.

Der riesige Kilkenny Shop (5–6 Nassau St., D2; www.kilkennyshop.com, S. 107) bildet die Speerspitze modernen irischen Designs und ist eine der besten Adressen für zeitgemäße Souvenirs. Die Auswahl an Produkten lokaler Designer – Mode, Keramik, Schmuck, Textilien, Kunsthandwerk – ist groß und auch für schmale Geldbeutel erschwinglich. Hier finden Sie gestrickte Aran-Pullis und Spazierstöcke aus Eiche, aber auch die neuesten John-Rocha-Designs auf Waterford-Glas (s. auch S. 176) oder Keramikarbeiten von Louis Mulcahy. Von schickem Geschirr bis hin zu Bodenvasen versieht er alles Mögliche mit seinen schnörkellosen Designs.

Das nahe gelegene, alteingesessene Familienunternehmen Kevin & Howlin (31 Nassau St., D2; www.kevinandhowlin.com) steht für handgewebten Donegal Tweed. Es bietet erstklassig geschneiderte Jacken, Westen und Anzüge im Stil von George Bernard Shaw. Ein super Souvenir sind die Mützen à la »Great Gatsby«, »Sherlock Holmes« oder auch der »Peaky Blinders«.

Im Avoca Handweavers (11–13 Suffolk St., D2; www.avoca.ie) ein Stück weiter, aber auch im Powerscourt House in Enniskerry (S. 150) finden Sie irische Produkte mit künstlerischem Touch. Der Laden im Zentrum ist eine Fundgrube für schicke irische Mode, hochwertiges Kunsthandwerk, Spielzeug und Mitbringsel. Das Café (S. 106) im 1. Stock ist ideal für den Lunch.

Für traditionellen irischen Schmuck gibt es kaum eine bessere Adresse als den Museumsshop des National Museum of Ireland – Archaeology (www.museum.ie; S. 91) mit silbernen Broschen in der Form von stilisierten Sonnenscheiben, in der keltischen Mythologie ein Symbol für Fruchtbarkeit und das Lebendige. Der *Celtic knot* symbolisiert die Endlosigkeit des Kreislaufs Geburt, Leben und Tod.

Designyard (25 South Frederick St., D2; https://designyardgallery.com) setzt auf neues irisches Design. Das Center für innovative, dekorative Kunst hat Tafelsilber, Schmuck, Möbel, Textilien, Spiegel und Keramiken von führenden Kunsthandwerkern im Sortiment.

Ein ähnlich guter Tipp ist Celtic Spirit (www.celticspirit.ie), wieder im St Stephen's Green Shopping Centre mit Harfen, schönen Claddagh-Ringen (S. 141), keltischen Kreuzen, Kleeblättern und keltischen Knoten.

Tänzer im Gaiety Theatre

BÜCHER

Rund um die Universität ballen sich die Buchhandlungen: Hodges Figgis (56–58 Dawson St., D2; Tel. 01 677 47 54). Dublins ältestes Buchgeschäft, 1768 gegründet, ist ein Spezialist für irische Literatur und wissenschaftliche Veröffentlichungen, bietet aber auch Reiseführer, Belletristik, Kinderbücher und ein Café im Laden.

Für bestimmte Werkausgaben großer irischer Autoren lohnt ein Stopp im Buchantiquariat Ulysses Rare Books (10 Duke St., D2; www.rarebooks.ie). Hier entdeckt man ältere, längst vergriffene Auflagen der Werke von Yeats oder Joyce. Eine Recherche des Angebots ist online möglich, aber es macht mehr Spaß, hier zu stöbern.

Bei Easons (Ground Floor, St Stephen's Shopping Centre, D2; www.easons.com) finden Sie Zeitschriften, eine große Auswahl an Büchern über Irland, auch Sachbücher. Das 1819 von Iren gegründete Unternehmen ist noch immer in Privatbesitz und mit Dutzenden Filialen die erfolgreichste Buchhandelskette des Landes.

LEBENSMITTEL

Das Lädchen Sheridan's Cheesemongers (11 Anne St. S., D2; www.sheridanscheese mongers.com) verkauft internationalen und einheimischen Käse. Haltbare Sorten zum Mitnehmen sind: Doolin, Carrigaline, Cooleeney Camembert, Knockalara und Brodie's Boilie (in Öl).

Celtic Whiskey Shop (27–28 Dawson St. South, D2; www.celticwhiskeyshop) sind Experten für Italienisches; bei Butler's Irish Chocolates (51a Grafton St., D2; www.butler schocolates.com) gibt es Trüffel mit Geschmacksrichtungen wie Tiramisu, Baileys oder Guinness.

Im Grand Canal Dock ist die beliebte Kette Fresh – The Good Food Market (Grand Canal Square, D2; www.freshthegoodfood market.ie) eingezogen: Die Läden sind Bauernmärkten nachempfunden: Obst, Gemüse, Bauernbrot, Säften und Kaffee.

Wohin zum … Ausgehen?

THEATER UND KLASSISCHE MUSIK

Das Gaiety (5 King St. South, D2, www.gaie tytheatre.ie) ist in diesem Stadtteil Dreh- und Angelpunkt der Theaterszene.

Inszeniert werden v. a. Klassiker, besonders von bekannten irischen Dramatikern, aber auch Musicals, Ballettstücke, Opern und in der Hochsaison Pantomime. Nach den

Vorstellungen öffnet das Kleinod viktorianischer Architektur als Nachtclub. Der Zuschauerraum wird auch als Kino für Schwarz-Weiß-Klassiker genutzt. In den restlichen drei Räumen und fünf Bars des Theaters werden gelegentlich Abende mit Livemusik veranstaltet (Salsa, Jazz, Soul, Rhythm 'n' Blues).

Angesichts des reichen musikalischen Erbes in Dublin überrascht es kaum, dass die Klassikszene sehr ausgeprägt ist. Ihr Zentrum ist die **National Concert Hall** (Earlsfort Terrace, D2; www.nch.ie), Sitz des National Symphony Orchestra, das von November bis Mai jeden Freitag spielt. Auf dem vielseitigen Spielplan stehen außerdem Oper, Kammermusik, Jazz und viel Tanz. Im Herzen der Docklands südlich der Liffey liegt das **Bord Gáis Energy Theatre** (Grand Canal Square, D2; www.bordgaisenergytheatre.ie). Auf dem Spielplan des modernen Theaters stehen Musicals, Theater, Konzerte, Tanz – was immer auf Tournee ist.

BARS UND PUBS

In Dublins schicker Southside gibt es jede Menge stylisher Bars. Es kann gut sein, dass Sie hier auf Promis treffen, z. B. in der Whiskey- und Cocktailbar **37 Dawson Street** (37 Dawson St., D2; www.37dawsonstreet.ie). Bono von U2 wurde schon im **Searsons** (42–44 Baggot St. Lower, D2; www.searsonsbar.ie) gesehen. Oder Sie gesellen sich zu den Reichen und Schönen im Straßencafé des **Bailey** (2 Duke St., D2; www.baileybarcafe.com) oder in der Belle-Époque-Bar **Café en Seine** (S. 106).

Eine Institution ist die stilvolle **Horseshoe Bar** des Shelbourne Hotel (S. 109), Treffpunkt für irische Lokalpolitiker und TV-Stars und betuchtere Touristen. Beliebt ist das Whiskey Tasting, bei der Sie eine Auswahl der besten Sorten der Insel vorgesetzt bekommen.

Kehoe's (9 Anne St. South, D2; Tel. 01 677 83 12) ist einer der beliebtesten und authentischsten Pubs im traditionellen Stil. Noch spät in der Nacht wird hier gefeiert und fleißig getrunken. Dasselbe trifft auf **Mulligan's** (8 Poolbeg St., D2) zu, wo angeblich die besten Pints gezapft werden. Ein weiterer Meilenstein der Publandschaft ist **Davy Byrne's** (21 Duke St., D2; www.davybyrnes.com). Die Kneipe enttäuscht zwar durch moderne Einrichtung, hatte aber illustre Gäste: Schon Revolutionär Michael Collins, Sinn-Féin-Chef Arthur Griffith, die Autoren Brendan Behan und Liam O'Flaherty leerten hier einige Gläser. Leopold Bloom, Protagonist von Joyces »Ulysses«, gönnt sich im Romanhier ein Gorgonzola-Sandwich mit einem Glas Burgunder.

Doheny & Nesbitt (5 Baggot St. Lower; www.dohenyandnesbitts.ie) ist ein gemütlicher Pub im viktorianischen Stil am nahe gelegenen Regierungssitz. Schon immer hat es die »Macher« von Dublin hierher gezogen, besonders Rechtsanwälte, Politiker, Finanziers und Journalisten. Die antike Mahagonibar ist eine Augenweide und Trennwände aus Holz sorgen für Privatsphäre.

Schräg gegenüber liegt das **Toner's** (139 Baggot St. Lower; www.tonerspub.ie), eine weitere viktorianische Perle mit originalem Inventar – vergoldete Spiegel und Lampen, einem *snug* (abgetrenntes »Trinkerabteil«) und Ladeneinbauten, in denen man früher Tee und Bier aufbewahrte.

LIVEMUSIK

Mittwoch- und Sonntagabend spielt im großartigen Literaturpub **McDaid's** (Harry St., D2; Tel. 01 679 43 95; S. 23) manchmal die hauseigene Bluesband. Die frühere »Stammkneipe« von Flann O'Brien zieht heute ein buntes Völkchen aus Touristen, Intellektuellen und jungen Dublinern an.

The Sugar Club (8 Leeson St. Lower, D2; www.thesugarclub.com) läutete die Rückkehr der Cocktailkultur mit Live-Swing, Jazz, Salsa und Blues ein. Zum abwechslungsreichen Programm gehören auch Pop, Folk, Burlesque und Stand-up.

Traditionelles findet man im **O'Donoghue's** (15 Merrion Row, D2; www.odonoghues.ie): das perfekte Guinness zusammen mit *ceol agus craic* (Musik und Unterhaltung). Hier starteten in den frühen 1960er-Jahren die Balladenhelden The Dubliners und Christy Moore ihre Karrieren. Noch immer gibt es spontane Livemusik-Sessions.

Zaun-Kunst

Jeden Sonntag von 10 bis 15 Uhr ist der Merrion Square (S. 104) ein riesiger Künstlertreff (www.merrionart.com). Maler aller Stilrichtungen, Profis wie Amateure, begnadet oder zumindest »interessant« bieten ihre Werke feil – präsentiert in einer Open-Air-Galerie, nämlich einfach an der Umzäunung des Parks aufgehängt und angelehnt. Ideal für Kunstfreunde auf Souvenirsuche, wenn auch mancher »Schinken« nicht mehr ins Handgepäck passt. Am schönsten sind aber die Momente, in denen man mit einer Kopfdrehung plötzlich die Vorbilder erkennt …

Der aus Dublin stammende Architekt Kevin Roche entwarf das am Liffey-Ufer stehende Convention Centre Dublin (CCD) mit seiner großen Glasfront.

Northside

Die Northside mag ein Spätzünder sein, doch in diesem Mix aus Alt und Neu, Kultur und Pubs pulsiert städtisches Leben.

Seite 114–143

Erste Orientierung

Auch wenn die Southside gemeinhin als schicker gilt, sollten Sie sich auf einiges gefasst machen, liegen auf der Northside doch die berühmte O'Connell Street – die breiteste und längste Magistrale der Stadt – und einige der prächtigsten georgianischen Häuser, auch majestätische Bauten wie das Custom House.

Große Erzählkunst und Literatur, Theater, Tanz, Gesang und in der Old Jameson Distillery feiner Whiskey zum Probieren – das macht viel von der Dubliner Kultur aus. Das James Joyce Centre erinnert an den sprachgewaltigen Chronisten des alten Dublin.

Zwei Theaterikonen Irlands – das Abbey und das Gate – führen die irische Bühnentradition fort, während eine vielseitige Musikszene, traditionell wie modern, in Pubs und Hallen lebt. Smithfield Market und die Docklands wurden generalüberholt.

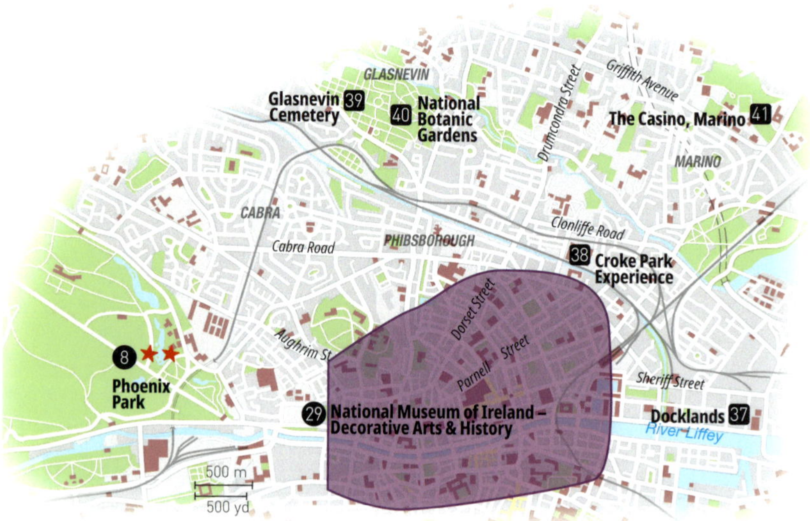

TOP 10

8 ★★ Phoenix Park

Nicht verpassen!

29 National Museum of Ireland – Decorative Arts & History

30 O'Connell Street

Nach Lust und Laune!

31 Smithfield

32 Old Jameson Distillery

33 Four Courts

34 Dublin City Gallery The Hugh Lane

35 James Joyce Centre

36 Custom House

37 Docklands

38 Croke Park Experience

39 Glasnevin Cemetery

40 National Botanic Gardens

41 The Casino, Marino

Mein Tag am Fluss

Die Sonne scheint und Sie haben Lust, sich zu bewegen, die Stadt mal vom Wasser aus zu betrachten und auch ein wenig hinter die Kulissen zu schauen? Dann nichts wie auf, um Dublins Leben nördlich der Liffey – und vom Fluss aus – zu entdecken.

9 Uhr: Erst einmal runter zum Fluss

Möwen, sich im Wasser spiegelnde Gebäude und Brücken: Von der O'Connell Bridge laufen Sie über die knapp 900 m lange Holzstegpromenade, genannt Liffey Boardwalk, die Sie über der Lebensader der Stadt schweben lässt. Beim Custom House Quay steuern Sie geradewegs City Kayaking (S. 123) an, wo Sie sich für zwei Stündchen eines der bunten (und kippsicheren) Boote leihen. Und schon geht es aufs Wasser. Zeit, sich treiben zu lassen, die Dubliner City und deren Architekturikonen einmal aus einer anderen Perspektive auf sich wirken zu lassen, und dazu betätigen Sie sich auch noch sportlich ...

11 Uhr: Alle Mann an Deck

Jung, hip und extravagant sind die nahen **37** Docklands (S. 134). Was für eine Kulisse! Die futuristische Samuel Beckett Bridge und das gläserne, millionenschwere Convention Centre (S. 30) sind Highlights der Northside und Statement für Dublins Selbstbewusstsein. Davor, an der kleinen Seán O'Casey Bridge, liegt die Jeanie Johnston (S. 123) vor Anker, die Replik des Mitte des

13 Uhr: Appetit auf Fisch oder ein Sandwich?

17.30 Uhr: Noch etwas Kultur, dann Dinner mit Flussblick

15 Uhr: Auf ein Schwätzchen mit den Händlern

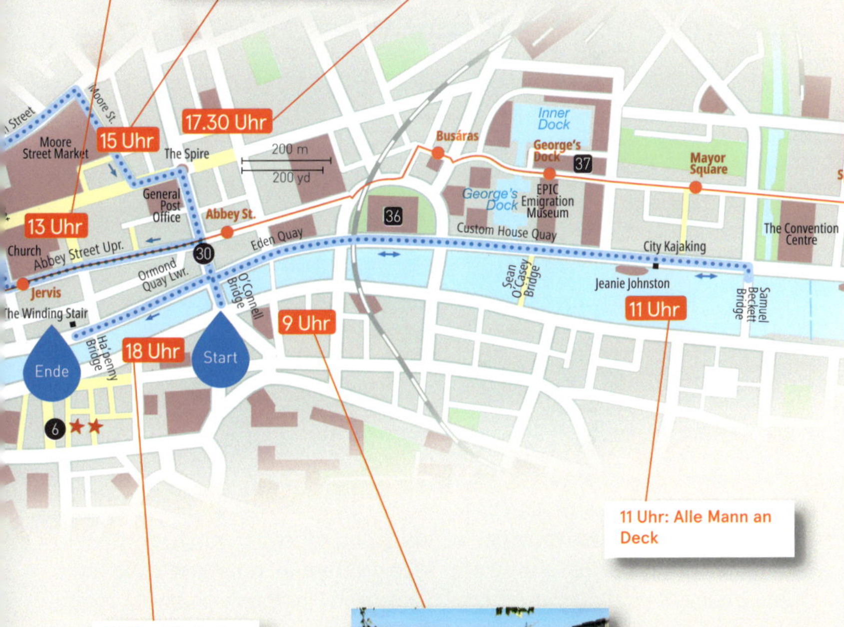

11 Uhr: Alle Mann an Deck

18 Uhr: Vis-à-vis Temple Bar

9 Uhr: Erst einmal runter zum Fluss

Eine lichte Stimmung begleitet die Flaneure auf dem Liffey Boardwalk (o.). Die Kajakfahrt auf der Liffey (M. o.) bringt völlig neue Perspektiven mit sich.

19. Jh.s in Quebec erbauten Segelschiffes, heute das ungewöhnlichste Museum der Stadt. Winzige Schlafkojen, eine Kombüse, in der dünne Wassersuppen für die anderthalb Monate währende Überfahrt nach Amerika gekocht wurden: Bei einer Führung erfahren Sie von der Zeit, in der die Iren aus blanker Not über das Wasser zu einem anderen Kontinent aufbrachen. Die »Jeanie Johnston« kreuzte unter einem glücklichen Stern: Auf ihren 16 Atlantik-Überquerungen brachte sie alle 2500 Passagiere heil an ihr Ziel.

13 Uhr: Appetit auf Fisch und oder ein Sandwich?

Der Geschichte der Auswanderer widmet sich übrigens das EPIC, das Museum für Emigration (S. 134) am Quay. Doch an diesem Tag steht nun Lunch an. In den diversen Straßencafés der Northside gibt's bereits

Überquellend: Stände auf dem Moore Street Market, Dublins ältestem Markt (r.); die »Jeanie Johnston« (M. li.) ist ein Museumsschiff in den Docklands. Schön süffig: Guinness (M. u.).

vormittags Guinness, dazu Panini und auch Fish & Chips. Während der Saison können Sie Austern schlürfen. Zusammen mit Alteingesessenen und Zugezogenen sitzen Sie in der alten Kirche St Mary aus dem 17. Jh., die heute ein angesagtes Bar-Restaurant, genannt The Church (S. 139), beherbergt. Recht entspannt dorthin ist die Verbindung mit der Red Line ab George's Dock, falls Sie nicht laufen möchten.

15 Uhr: Auf ein Schwätzchen mit den Händlern

Gemächlich geht es durch die Straßen der Northside zum täglichen Moore Street Market (S. 140). Zwischen roten Backsteinhäusern und von Markisen geschützt, biegen

»The Spire« – die hohe Nadel aus Edelstahl – ist ein kontrovers bewertetes Wahrzeichen der Stadt.

Liebevoll gestylt: das Restaurant Winding Stair (li.). Obwohl gusseisern, spannt sich die Ha'penny Bridge doch recht filigran über die Liffey. Sie ist eine der mehr als 20 Brücken Dublins über den Fluss (re.).

sich seit Jahrzehnten die Stände unter Äpfeln, Kartoffeln, Blumen und vielem mehr: »Real Irish Shopping«; dazwischen gibt es starken Espresso im Pappbecher und obskure Gestalten, die unter der Hand billige Zigaretten verhökern.

17.30 Uhr: Noch etwas Kultur, dann Dinner mit Flussblick

Die ㉚ O'Connell Street (S. 128) führt wieder Richtung Liffey, vorbei an der 120 m hohen Nadel, The Spire – von scharfzüngigen Dublinern mit sarkastischen Kommentaren bedacht: Die silbrig glänzende Monumentalskulptur kennt man auch als »Stiletto in the Ghetto«.

Gegenüber glänzt die klassizistische Fassade des General Post Office (S. 129), Schauplatz des Osteraufstands 1916.

18 Uhr: Vis-à-vis Temple Bar

Am Fluss biegen Sie dann wieder nach rechts. The Winding Stair

(S. 140) heißt das tolle Restaurant mit Überraschungseffekt. Vom Erdgeschoss, in dem ein anspruchsvoller (antiquarischer) Book Shop auf Sie wartet, geht es über die breite Wendeltreppe in den ersten Stock. Bei großartigem Blick auf die Liffey und das ❻ ★★ Temple-Bar-Viertel (S. 58) gegenüber serviert man Ihnen köstliche Speisen.

Und sollten Sie noch nicht wissen, wie die vom Fenster aus sichtbare kleine Ha'penny Bridge (S. 163) zu ihrem Namen kam: Hier erzählt man es Ihnen!

i

City Kayaking
✉ Dublin City Moorings, Custom House Quay
🌐 www.citykayaking.com
🎟 geführte Tour 38 € (90–120 Min.)

Jeanie Johnston
✉ Custom House Quay
🌐 www.jeaniejohnston.ie
🎟 13 €

❽ ★★ Phoenix Park

Warum?	Irlands schon von Johnny Cash besungene »Forty Shades of Green«, mitten in Dublin
Was?	Viktorianische Gärten und ein mittelalterlicher Wohnturm in Europas größtem Stadtpark
Wann?	Im Frühling, wenn die Kastanienbäume blühen
Wie lange?	Zwei Stunden
Was noch?	Die erhellende Ausstellung im Visitor Centre besuchen
Was nehme ich mit?	Ein Glas Honig, produziert von den Bienen des Parks

Treffpunkt im Grünen: der große Phoenix Park im Westen der Stadt

Mit einer Fläche von 707 ha ist der Phoenix Park Europas größter umzäunter Stadtpark: fünfmal so groß wie der Londoner Hyde Park und doppelt so groß wie der Central Park in New York. Er wurde 1663 auf Befehl König Karls II. angelegt, um »das Land, von alters her unser Erbe, mit einer Mauer zu umgeben ... und mit Wild zu bestücken«. 1745 wurde die Grünanlage der Stadt Dublin als öffentlicher Park übergeben. Heutzutage erstreckt sich die umgebende Mauer auf 11 km, inklusive acht Autozufahrten und sechs Eingängen für Fußgänger.

Im Besucherzentrum vermittelt eine anschauliche und unterhaltsame Ausstellung mehr über die Geschichte des Parks und die hier lebenden Tiere – z. B. in einer audiovisuellen Show über den Phoenix Park im Lauf der Zeit.

Der Park ist Lebensraum für große Herden von Damwild, insgesamt 450 Exemplare etwa – mit etwas Glück können Sie auch prächtige, mit großen Schaufelgeweihen ausgestattete Hirsche beobachten, die sich in den späten Nachmittagsstunden bevorzugt auf den Rasenflächen Fifteen Acres und im Waldgebiet Oldtown Wood aufhalten.

Neben dem Zentrum liegt das Ashtown Castle, ein mittelalterlicher Wohnturm, der bis in die 1980er-Jahre unentdeckt blieb, da er in ein modernes Gebäude integriert war. Die Ashton Lodge, das Anwesen rund um den Turm, existiert heute nicht mehr. Als der Wildpark für König Karl II. angelegt wurde, war der Turm Sitz eines Parkwächters, der »Raub oder Zerstörung des Grüns oder des Wilds« verhindern sollte. Die Burg und das Minilabyrinth stehen heute Besuchern offen.

Hier geht es sportlich zu

Schon lange steht der Phoenix Park bei Sportlern hoch im Kurs, und häufig sieht man Jogger, Kinder beim Hurlingtraining, Reiter aus den umliegenden Ställen oder gar ein Freundschaftsspiel zweier Gaelic-Football-Mannschaften unter freiem Himmel. Der Park wurde auch als Motorsport-Rennstrecke genutzt, auf der in den 1920er-Jahren Grand-Prix-Rennen gefahren wurden. Die Nine Acres sind Sitz des Irish Polo Club (Spiele finden meist Mi, Sa und So nachmittags statt, Mai–Sept.) und des Phoenix Cricket Club. Der 1830 gegründete Cricketclub ist der älteste des Landes.

Großzügiger Sitz

Zu den beeindruckenden Herrenhäusern im Park gehört die Residenz Áras an Uachtaráin, ursprünglich als überdimensionierter Sitz eines Parkaufsehers erbaut. Später wurde sie von Frances Johnston, Architekt des klassizistischen General Post Office (S. 129), umgebaut und diente als Sitz der britischen Vizekönige. Im Irish Free State zog der Governor General ein und 1938 avancierte sie zum offiziellen Wohnsitz

des irischen Präsidenten (Uachtarán na hÉireann). Das Haus kann samstags besichtigt werden.

Nicht nur exotische Tiere begeistern im Park, auch das Damwild.

Der Bedrohung entgegen

Eine der größten Attraktionen des Phoenix Park ist der Dublin Zoo. Bei seiner Eröffnung 1831 mit gerade mal 46 Säugetieren und 72 Vögeln gesegnet – angesichts der 24 ha großen, gepflegten Grünanlage mit über 400 Tieren und exotischen Vögeln aus aller Welt kann man das heute kaum noch glauben.

Viele der hier lebenden Tiere sind selten oder vom Aussterben bedroht. Die meisten wurden im Zoo geboren oder hätten als Waisen in freier Wildbahn kaum überlebt. Einige Tiere – wie die Schneeleoparden, Gorillas und die goldgelben Löwenäffchen – unterstehen einem internationalen Schutzprogramm zur Arterhaltung. Sehr lohnenswert ist ein Besuch der African Savannah, der Himalayan Hills und der spektakulären Orangutan Forest, in dem die Affen auch mal über den Besuchern turnen.

Der MGM-Löwe, der im Vorspann der Filme brüllt, wurde hier im Zoo gefilmt!

KLEINE PAUSE

Im **Phoenix Café,** dem Restaurant des Visitor Centre, können Sie gut zu Mittag essen. Die **Victorian Tea Rooms** liegen direkt vor dem Zoo und servieren Snacks, Kaffee und Tee. An sonnigen Tagen ist ein Picknick aber unschlagbar.

---

i

182 A/B 1/2
Phoenix Park, D8
www.phoenixpark.ie
rund um die Uhr
Bus 10, 25, 26, 37, 38, 39, 46A, 70

Dublin Zoo
01 474 89 00
www.dublinzoo.ie
tgl. März–Sept. 9.30–18, Okt. 9.30–17.30, Nov.–Jan. 9.30–16, Feb. 9.30–17 Uhr; letzter Einlass jeweils 1 Std. vor Schließung
22,50 €, Kinder 13 €

Besucherzentrum
01 677 00 95
Sommer tgl. 9.30–18 Uhr, Winter nur Mi–So; Führungen im Ashtown Castle mehrmals tgl., Áras an Uachtaráin nur mit (kostenfreier) Führung, Sa 10.30–15.30 Uhr und dann zur vollen Stunde (Tickets im Besucherzentrum), Radverleih am Südosteingang, www.phoenixparkbikes.com

㉙ National Museum of Ireland – Decorative Arts & History

Warum?	Einblicke in Irlands ökonomische, soziale, politische und militärische Entwicklung
Was?	Möbel, Waffen, auch Trachten, Keramik und Glas
Wie lange?	Eine Stunde
Wann?	Jederzeit
Was noch?	Auch mal zu einer der interessanten Sonderausstellungen
Was nehme ich mit?	Künstlerische Schönheit entfaltet sich selbst in einer nüchternen Umgebung

Das Kunstgewerbemuseum ist eine Zweigstelle des Nationalmuseums in den ehemaligen Collins Barracks.

Die Sammlung umfasst ca. 2500 Objekte – es gibt einiges zu schauen! Eine schöne Auswahl finden Sie in der »Curator's Choice«, in der 25 Lieblingsobjekte der jeweiligen Kuratoren vertreten sind.

Zu den Highlights des Museums zählen die Fonthill-Vase, eines der ältesten Stücke aus chinesischem Porzellan, und eine Ausstellung zu Mode aus 250 Jahren! In der Schau »Soldiers and Chiefs« zeichnen militärische und persönliche Gegenstände ein Bild vom Soldatenleben ab 1550. Der Osteraufstand 1916 ist ebenso Thema: Zu sehen sind eine Originalausfertigung der Ausrufung der Republik und das »Book of the Resurrection«, es erinnert an die Unabhängigkeitskriege.

KLEINE PAUSE

Das **Soup Dragon** (S. 140) serviert hausgemachte Suppen.

183 D1
Collins Barracks, Benburb St., D7
01 677 74 44 www.museum.ie

Di–Sa 10–17, So 14–17 Uhr
frei Bus 25, 25A, 66, 67, 79; LUAS: Museum

㉚ O'Connell Street

Warum?	Der imposante, von Bäumen gesäumte Boulevard bildet das eigentliche Stadtzentrum
Was?	Magistrale mit eleganten Bauten und viel Geschichte
Wie lange?	Mindestens eine bis zwei Stunden
Wann?	Tagsüber und am frühen Abend
Was noch?	Shoppingvergnügen und James Joyce mit Spazierstock
Was nehme ich mit?	Die Geschichte ist in Dublin allgegenwärtig, doch wohl nirgendwo greifbarer als in der O'Connell Street

Das General Post Office wurde von Francis Johnston entworfen.

Die beiden Enden der Prachtstraße markieren zwei Skulpturen. Diejenige in der Nähe der O'Connell Bridge zeigt Daniel O'Connell (S. 25), der 1829 die Gleichberechtigung der Katholiken erstritt. Die vier Figuren der Allegorien am Sockel, »Four Winged Victories«, stehen für O'Connells Mut, Redlichkeit, Wortgewandtheit und Vaterlandsliebe. Weitere Figuren repräsentieren Kirche, Stände, Künste und die Arbeiterklasse sowie Erin, die Personifizierung Irlands, mit der Emanzipationserklärung in der Hand. Beim Bau des Denkmals 1882 hieß die Straße noch Sackville Street, 1924 wurde sie in O'Connell Street umbenannt.

Zeugen des Kampfes um die Unabhängigkeit

Am nördlichen Ende der O'Connell Street befindet sich das Denkmal für Charles Stewart Parnell, den Anführer der Home-Rule-Bewegung im 19. Jh., die um die Selbstbestimmung Irlands kämpfte. Der dahinter liegende Parnell Square wurde 1755 als erster georgianischer Stadtplatz nach genauem Plan angelegt. Er ist von eleganten Bauten wie der Dublin City Gallery The Hugh Lane (S. 132) umgeben. In der

Mitte des Platzes finden sich das Rotunda Hospital, das Gate Theatre (S. 142) und der Garden of Remembrance (S. 33) – gewidmet all jenen, die im Kampf um Irlands Freiheit ihr Leben gaben. Eine Skulptur von Oisín Kelly stellt die irische Sage der Children of Lir dar. Beeindruckend ist auch die neogotische Abbey Presbyterian Church gegenüber des kleinen Parks.

Gedankenversunken wirkt der bronzene James Joyce an der North Earl Street.

Erinnerung an den Osteraufstand

Das palladianische General Post Office (GPO) diente den Irish Volunteers im Osteraufstand von 1916 als Hauptquartier. Vor dem beeindruckenden, aber eher unwichtigen Gebäude verlas Pádraic Pearse die Unabhängigkeitserklärung, eine Woche später war der Aufstand erstickt. Ein Museum im Keller berichtet von den Ereignissen, die Skulptur des Sagenhelden Cú Chulainn in der Halle ist den Rebellen gewidmet. Das sehr laute Museum im Keller (www.anpost.com/Witness-history) ist interessant, aber bei Zeitmangel auch kein Muss.

Siebenmal so hoch wie das gegenüberliegende GPO ist der 120 m hohe Spire of Dublin, ein »Monument of Light«, das aus glänzendem Stahl besteht (Abb. S. 122) und dessen von innen erleuchtete Spitze in den Dubliner Himmel ragt – nicht jedermanns Sache, doch sehr auffällig. Einen Blick lohnt die O'Connell Bridge: Sie ist breiter als lang und bietet fantastische Aussichten auf die Liffey.

Der palladianische Baustil lehnt sich an die klare Architektur des Andrea Palladio (16. Jh.) an.

KLEINE PAUSE

Nur zwei Gehminuten vom »Spire« entfernt bietet sich das **101 Talbot** (S. 139) für den stilvollen Lunch an.

---

191 D4/5
O'Connell St., D1
Stadtquerende Busse; LUAS: O'Connell GPO, O'Connell Upper, Abbey St.

Nach Lust und Laune!

31 Smithfield

Die SmithfieldPlaza soll einer der größten Plätze Europas mit Kopfsteinpflaster sein. Mitte des 17. Jh.s als Viehmarkt angelegt, war die Gegend jahrhundertelang ein betriebsamer Ort, an dem Kaufleute Geschäfte machten. Es wimmelte von Getreide- und Saatguthändlern, auf den Straßen gab es überall Stände, an denen Vieh oder Kartoffeln angeboten wurden. Bis in die späten 1880er-Jahre behauptete sich Smithfield als wichtigster Markt Dublins. Mittlerweile unter strengen Auflagen findet am ersten Sonntag im März und September ein traditioneller Pferdemarkt statt – ein bizarres, nicht wirklich tierfreundliches Spektakel, nicht mit Vollblütern, sondern mit struppigen Ponys und Maultieren.

Das Viertel selbst sollte schickes Shopping- und Kulturzentrum werden, in dessen Mittelpunkt die Old Jameson Distillery (s. u.) steht. Tatsächlich verliefen die meisten Planungen im Sande, ein Luxushotel wurde sogar schnell zum Hostel umgewandelt und moderne Restaurants liegen heute mit Abbruchbuden Schulter an Schulter. Nur gelegentliche Sonderveranstaltungen locken hier wirklich viele Besucher an.

187 E5 Smithfield Plaza, D7
Bus 25, 25A, 67, 67A (von Abbey St. Middle), 68, 69, 79 (von Aston Quay), 90 (ab Connolly, Tara und Heuston); LUAS: Smithfield

Um die Kuppel der Four Courts zieht sich ein Säulengang.

32 Old Jameson Distillery

Wer an Dublin denkt, dem kommt gleich Guinness in den Sinn. Dabei blickt die Stadt auch auf eine alte Whiskey-Tradition zurück. Ab 1780 wurde hier etwa Jameson Whiskey gebrannt. Heute verkauft Jameson weltweit den meisten Irish Whiskey und ist die am schnellsten wachsende Spirituosenmarke.

Im Besucherzentrum kann man in die Vergangenheit der Old Distillery eintauchen. Der kurze Film »Uisce Beatha« (»Wasser des Lebens«) greift die Geschichte des irischen Whiskey vom 6. Jh. bis heute auf. Eine Führung verläuft durch

Am Ende einer Tour durch die Old Jameson Distillery lässt sich der irische Whiskey verkosten.

die detailgetreue Nachbildung des alten Destilleriebetriebs, auf der die einzigartige Herstellungsweise des irischen Whiskeys vorgestellt wird. Am Ende steht in der Jameson Bar natürlich die Verkostung verschiedener Altersstufen. Schmecken Sie die Unterschiede heraus?

Irischer Whiskey ist einmalig – er wird nicht nur als einziger mit »e« geschrieben, sondern auch dreimal destilliert. Dadurch entsteht der samtige, besondere Geschmack, der ihn von Scotch und Bourbon abhebt.

187 E5 ✉ Bow St., Smithfield, D7
☎ 01 807 23 55
www.jamesonwhiskey.com
tgl. 9–18.30 (letzte Tour 17.30) Uhr
verschiedene Touren online
Bus 25, 25A, 25B, 66, 66A, 67, 67A, 68, 69, 79, 90; LUAS: Smithfield

33 Four Courts

Die »vier Gerichtshöfe« gehören zu den eindrucksvollsten Gebäuden in Dublin und waren über 200 Jahre lang das Herz der irischen Justiz. Wie der Name andeutet, tagen hier vier separate Gerichte – Supreme Court, Court of Appeal, High Court und der Dublin Circuit Court, nur Strafsachen werden nicht hier verhandelt.

Das Gebäude wurde im späten 18. Jh. von James Gandon entworfen, der auch als Architekt des Custom House und der Bank of Ireland am College Green wirkte – die Stilverwandtschaft ist nicht zu übersehen. Die sechs korinthischen Säulen des flusszugewandten Portikus tragen einen Giebel, auf dem drei klassische Skulpturen Moses, Justitia und die Gnade darstellen.

Zwei weitere Figuren begrenzen jeweils eine Seite des Baus: die Weisheit und die Macht. Bekrönt wird das Gebäude von einer Kuppel mit Säulengang. Im Bürgerkrieg wurde der Bau stark beschädigt. Die Fassade wurde wiederaufgebaut, das Innere erstrahlte seither aber nie wieder im einstigen Glanz.

190 A3 Four Courts, Inns Quay
nicht zugänglich

34 Dublin City Gallery The Hugh Lane

Im Charlemont House, einem von Dublins schönsten georgianischen Häusern, befindet sich die Städtische Galerie für Moderne Kunst. Das einstige Stadthaus der Grafen von Charlemont wurde von der Stadt Dublin 1933 erstmals dem Publikum geöffnet, um die Sammlung impressionistischer Gemälde von Sir Hugh Lane zu zeigen.

In der Eingangshalle empfangen bemerkenswerte Kunstinstallationen irischer Künstler des 20. Jh.s die Besucher, zum Beispiel »Monkey and Dog« von John Kindness (geb. 1951). Sie stellt den konfessionellen Konflikt in Nordirland in Gestalt zweier ineinander verbissener Tiere dar.

Der anschließende Skulpturenraum versammelt Werke von Auguste Rodin, Jacob Epstein, Edgar Degas und Henry Moore.

Farbe und Licht bestimmen die nächste Abteilung: Denn Gemälde der Dubliner Impressionisten J. B. Yeats, William Leech, Walter Osborne und anderer sind hier zu sehen. Hugh Lanes Sammlung französischer Impressionisten hängt in einem kleinen Raum links von der Skulpturensammlung, darunter sind faszinierende Werke wie die in diffusem Licht verschwimmende »Waterloo Bridge« von Claude Monet und Auguste Renoirs berühmtes Bild »Die Regenschirme« (Les parapluies).

Und dann: Francis Bacon. Das gesamte Londoner Atelier des 1909 in Dublin geborenen Malers ist hier bis ins kleinste Detail aufgebaut. Sein Alleinerbe John Edwards schenkte es dem Museum. Francis Bacon hatte die letzten 30 Lebensjahre darin gelebt und gearbeitet. In einem Raum können Sie den Prozess des Ab- und Aufbaus audiovisuell nachverfolgen.

Der erste Stock ist wechselnden Ausstellungen, einem Café und dem Museumsshop vorbehalten. Um die ständige Sammlung wie die Wanderausstellungen angemessen präsentieren zu können, hat die Hugh Lane ihre Fläche erweitert. Die Galerie setzt sich auch für die künstlerische Weiterbildung mit einem eigenen Programm ein.

183 F1 Charlemont House, Parnell Sq. North, D1
01 222 55 50 www.hughlane.ie
Di–Do 9.45–18, Fr/Sa 10–17, So 11–17 Uhr frei
Bus 7, 11, 11B, 13, 16, 38, 40, 46A

35 James Joyce Centre

Wie kein anderer irischer Autor hat James Joyce (1882–1941) das Wesen des alten Dublin in seinen Werken eingefangen. Das Centre in einem gekonnt restaurierten georgianischen Stadthaus widmet sich seinem Leben und Schaffen. Neben Manuskripten und Erinnerungsstücken stehen hier Biografien von ca. 50 Figuren aus seinem berühmtesten Roman »Ulysses«, die alle ein echtes Dubliner Vorbild haben. Sie können sich kurze Filme ansehen oder Aufnahmen lauschen, auf denen der Autor aus seinen Texten vorliest.

Das Centre veranstaltet Spaziergänge durch das »Joyce'sche Dublin«, im Innenhof ist ein auffälliges Wandgemälde von »Ulysses« und der Haustür der Eccles Street No 7 zu sehen – laut Roman wohnen dort Leopold und Molly Bloom.

Auch heute existiert in Dublin noch vieles aus Joyce' Tagen. Fans von Leopold Bloom, dem Protagonisten des »Ulysses«, wandeln am 16. Juni auf dessen Spuren im Jahr 1904. Dabei hilft der »Ulysses«-Stadtplan von Dublin (bei Visit Dublin Centre, S. 171). Der Weg, den Bloom in seiner Mittagspause durch die Innenstadt zurücklegt, ist mit 14 Bronzeplaketten markiert, die zwischen dem Büro des Evening Telegraph auf der Princes Street und dem National Museum (S. 127) im Boden eingelassen sind.

184 A1
35 North Great George's St., D1
01 878 85 47
http://jamesjoyce.ie
Di–Sa 10.30–15.30 Uhr 7 €
Bus 1, 4, 7, 8, 9, 11, 13, 16, 38, 40, 44, 63, 118, 120, 123; LUAS: O'Connell Upper oder Parnell

James Joyce »hockt« in jeder Ecke …

36 Custom House

Das von James Gandon (1743 bis 1823) entworfene Zollamt ersetzte den alten Zollpunkt ein Stück flussaufwärts. Für viele ist es das prächtigste Gebäude Dublins. Zehn Jahre dauerte der Bau des harmonisch proportionierten Meisterwerks mit dem fantastischen Portikus aus dorischen Säulen und einem 38 m hohen Kuppeldach.

Die ganze Bauzeit über schlug sich Gandon mit allerlei Schwierigkeiten herum: zunächst mit dem sumpfigen Boden des Liffey-Ufers. Mit einer neuartigen Flachgründung löste er dieses Problem, was ihm internationale Anerkennung verschaffte. Aber das Bauvorhaben hatte viele Gegner, und Gandon erhielt nicht nur Drohbriefe (auf der Baustelle trug er stets einen Degen bei sich), 1789 zerstörte zudem ein mysteriöses Feuer das teilweise schon fertiggestellte Gebäude.

Auch nach der Vollendung stand das Bauwerk unter keinem guten Stern: 1833 gab es einen weiteren Brand und im Unabhängigkeitskrieg zündete es 1921 die IRA erneut an. Pünktlich zur 200-Jahr-Feier 1991 wurde es restauriert.

Über den beiden Eckhäusern des Gebäudes (Abb. S. 134) prangt das irische Wappen. Zum allegorischen Skulpturenschmuck gehören 14 Häupter, die die großen Flüsse Irlands und den Atlantik darstellen. Auf der Spitze des Kuppeldachs steht die Bildsäule des Kommerzes.

Die bewegte Geschichte des Zollamtes, noch heute beherbergt es zahlreiche Regierungsbeamte, wird im Besucherzentrum sehr anschaulich präsentiert.

191 E4 ✉ Custom House Quay, D1
tgl. 10–17.30 Uhr
6 € (mit Führung 8 €)
DART: Tara St., LUAS: Busaras

Etwas außerhalb

37 Docklands

Schrittweise (und mit Stolpern) wird das Hafenviertel an der Liffey, einst postindustrielles Brachland, ins (Stadt-)Leben zurückgeholt. Vor allem als Bürolandschaft für große Konzerne. Was die Gegend alles zu bieten hat, zeigt ein halbstündiger Spaziergang vom Custom House zum Point Square.

Als Erstes stößt man auf das Famine Memorial (Abb. S. 136), eine Skulptur lebensgroßer, ausgemergelt wirkender Figuren von Rowan Gillespie, die an die Große Hungersnot im 19. Jh. erinnert. In östlicher Richtung entlang der Liffey liegt das chq Building. Hier spannt sich die Seán-O'Casey-Fußgängerbrücke über den Fluss. Im Keller des Gebäudes wartet ein ganz besonderes Museum: das EPIC. Das Museum der irischen Emigration behandelt das oft sensible Thema sehr sachlich, ohne auf die sonst übliche Tränendrüse zu drücken, und verfolgt einen positiven Ansatz. Ja, die Iren

Magischer Moment

Im Zauber der Dunkelheit

Welche Spiegelung im tiefblauen Wasser! Den schönsten Blick genießen Sie vom George's Quay gegenüber – wenn Sie dorthin spazieren und dann die Brücke über die Liffey überqueren, können Sie die ganze Schönheit aus der Nähe auf sich wirken lassen: Das gewaltige Custom House (S. 134) ist ein georgianischer Prachtbau mit einem hohen Kuppelturm. Nach Sonnenuntergang wird er durch eine aufwendige Illumination und gekonnt eingesetzte Lichteffekte zu einem Märchenpalast. Und Sie werden beim Anblick Teil der Szenerie.

emigrierten in Massen, nicht immer freiwillig, aber haben damit auch die Welt vorangebracht. Oder zumindest interessanter gemacht.

Und so findet man neben Schriftstellern und Wissenschaftlern auch die umstrittenen bis anrüchigen Iren (oder zumindest Irisch-stämmigen) in der Fremde. Etwa den Berufsrevolutionär Ernesto Che Guevara, die in Pandemiezeiten wieder berüchtigte »Typhoid Mary« oder den schwer gepanzerten australischen Straßenräuber Ned Kelly. Das alles präsentiert in thematischen Rubriken, mit interaktiven Multimedia-Installationen vom Feinsten. Sehenswert und lehrreich.

Das Famine Memorial gedenkt der Großen Hungersnot in Irland 1845–52.

Weiter den Fluss abwärts spannt sich die an eine Harfe erinnernde und vom katalanischen Architekten Santiago Calatrava entworfene Samuel Beckett Bridge an der Macken Street, über die Liffey. Neben der Brücke befindet sich das Convention Centre, das einem umkippenden Glas ähnelt.

Schließlich erreicht man Point Square, ein Monument gescheiterter Großstadt-Ambitionen. Das Gibson-Hotel und die 3Arena (früher The Point) sind in Betrieb, aber das Einkaufszentrum ist lediglich ein gigantischer, menschenleerer Kinoeingang ohne Geschäfte. Idealer Drehort für einen Zombiefilm.

185 E/F1/2
www.dublindocklands.ie

EPIC The Irish Emigration Museum
191 F4
chq Building, Custom House Quay
01 906 0861 www.epicchq.com
tgl. 10–18.45 Uhr 17,50 €

38 Croke Park Experience (GAA Museum)

Das hochmoderne, interaktive Museum im Croke-Park-Stadion, dem Sitz der Gaelic Athletic Association (GAA), gibt Einblick in die wahren, oft recht ruppigen Nationalsportarten Irlands: Hurling und Gaelic Football. Im Erdgeschoss wird die Geschichte der Spiele chronologisch nachgezeichnet, aufgelockert durch Pokale, farbenfrohe Spielerkleidung und uralte Schläger. Ein Film ver-

Echte Fans unterstützen ihr Team auch mit Gesichtsbemalung.

deutlicht eindrucksvoll die Verbindung zwischen Sport und Landesgeschichte.

Im Obergeschoss kann jeder seine sportlichen Qualitäten und Reflexe unter Beweis stellen oder spannende Ausschnitte aus klassischen Finalbegegnungen ansehen.

Das Stadion selbst hat mehr als 82 000 Plätze, man kann es mit einer Führung erkunden ... und sogar auf das Dach klettern, um Dublins Skyline zu bewundern.

Wer allerdings Hurling und Gaelic Football »live« erleben will, der ist in kleineren Stadien näher dran und muss weniger zahlen – Termine unter www.gaa.ie abfragen und einfach unter die Fans mischen.

184 B2
Croke Park, D3 (Eingang an der Cusack-Tribüne, via Clonliffe Rd.)
01 819 23 23 www.crokepark.ie
Mo–Sa 9.30–17, So 10.30–17, Juli/Aug. Mo–Sa 9.30–18 Uhr (außer an Spielsonntagen, dann nur für Inhaber von Tribünenkarten)
9 €, mit Stadiontour 16 €, mit »Skyline« 22 € Bus 7, 11, 16, 53, 123

39 Glasnevin Cemetery

Der Glasnevin-Friedhof wurde im Jahr 1832 als konfessionsungebundene Begräbnisstätte eröffnet, in der jeder nach seiner Fasson unter die Erde kommt. Heute ist der 4 km von der Innenstadt entfernt liegende und 50 ha große Friedhof eine nationale Institution. Auf Irlands größtem Friedhof haben bislang 1,5 Mio. Menschen ihre letzte Ruhestätte gefunden.

Ein Rundgang ist interessant, da Ihnen gleichzeitig die gesellschaftliche, politische und kulturelle Geschichte Dublins aus den letzten 200 Jahren vor Augen tritt: Hier sind die Armengräber aus der Zeit der Großen Hungersnot und die der Opfer der Cholera-Epidemie der 1840er-Jahre, dort stehen meisterhaft gearbeitete keltische Kreuze und kunstvolle gotische Mausoleen.

Gedenken kann man Persönlichkeiten: Politikern und Kämpfern für die Unabhängigkeit – Daniel O'Connell (S. 25), Michael Collins (S. 25), Eámon de Valera (S. 46), Charles Stewart Parnell (S. 47) – und Brendan Behan (S. 23), dessen Grab oft ein (natürlich leeres) Bierglas ziert ... seine Büste dagegen wurde aus dem Grabstein heraus geklaut.

183 E4 Finglas Rd., Glasnevin, D11
01 882 65 50 www.dctrust.ie
tgl. 9–17 Uhr (im Winter Mo geschl.)
Museum 6 €
Bus 13, 19, 19A (O'Connell St. bis Harts Corner, dann 5 Min. zu Fuß), 40, 40D (Parnell St. bis Finglas Rd.)

Große Gewächshäuser für exotische Pflanzen

40 National Botanic Gardens

Der 1795 gegründete Nationale Botanische Garten ist das Zentrum für Botanik und Gartenbau des Landes. Die meisten Dubliner schätzen ihn aber eher als Ausflugsziel am Wochenende, um zwischen den 20 000 Blumen- und Pflanzenarten einen gemütlichen Spaziergang zu machen. Kräuterbeete, viktorianische Motivpflanzungen, Gemüsegärten, ein Rosengarten, der Eibengang und ein Arboretum mit Hunderten hoher Bäume erfreuen.

Die schönste Zeit sind spätes Frühjahr und Frühsommer, im Winter beeindruckt das gusseiserne Gewächshaus. 1843 von Richard Turner gebaut, wachsen dort Bananen, Bambus, amazonische Kletterpflanzen, Orchideen, Kakteen, Palmfarne und riesige Wasserlilien (Aquatic House). Eine Plakette erinnert an den Philosophen Wittgenstein, der im Palmenhaus sitzend entspannte und nachdachte.

183 E4 Glasnevin
01 804 03 00
www.botanicgardens.ie
tgl. Sommer 9–17, Winter 9–16.30 Uhr (Gewächshäuser schließen früher) frei
Bus 4, 9, 83 bis Botanic Rd.

41 The Casino, Marino

Die bezaubernde, aufwendig renovierte Villa im Vorort Marino, nur 5 km nördlich des Stadtzentrums, zählt zu den hübschesten neo-klassischen Bauten Irlands. Voll findiger Ideen wie hohlen Säulen, in denen Abflussrohre verlaufen.

Das Casino mit 16 elegant ausgestatteten Zimmern wurde in den 1760er-Jahren von W. Chambers für Lord Charlemont (S. 132) gebaut. Danach wurde es eine Zeit etwas vernachlässigt, doch vor wenigen Jahren erfolgte eine umfangreiche Renovierung, so dass der Prunkbau heute wieder in alter Pracht dasteht.

185 D4
abseits der Malahide Rd., Marino, D3
01 833 16 18
www.casinomarino.ie
März–Okt. tgl. 10–17.30 Uhr
7 €
14, 27, 27B (von Eden Quay), 42, 42A, 42B (ab Lower Abbey St.), 123 Imp Bus von O'Connell St.; DART: Clontarf Rd.

Wohin zum ... Essen und Trinken?

Preise für ein Drei-Gänge-Menü ohne Getränke:

€	unter 30 Euro
€€	30 bis 50 Euro
€€€	über 50 Euro

101 Talbot €

Das angenehme Lokal im ersten Stock ist bei Besuchern der nahen Theater Abbey und Gate beliebt. Es gibt einen gesunden Mix aus Speisen des Mittelmeerraums und des Nahen Ostens. Das schlichte Innere ist durch moderne Kunst aufgelockert. Sie steht zum Verkauf – wäre das nicht eine ansprechende Erinnerung für daheim?

191 E5 ✉ 101 Talbot St., D1
☎ 01 874 50 11
www.101talbot.ie
Di–Sa 17–23 Uhr

Chapter One Restaurant and Café €€

An der Nordseite des Parnell Square befindet sich ein edles, mit zwei Michelin-Sterne ausgezeichnetes Lokal, das moderne irische Küche serviert. Die freigelegten Steinwände, Spiegel, Gardinen und Gemälde großer Autoren runden das Ambiente ab. Am Tag kommen Geschäftsleute hierher, abends ist das »Pre-Theatre«-Menü (aus zwei Gängen) gefragt.

183 F1 ✉ 18–19 Parnell Square, D1
☎ 01 873 22 66
www.chapteronerestaurant.com
Di–Sa 12–14 und 18.30–21.30 Uhr

Chilli Banana €– €€

Das Thai-Lokal liegt in Laufweite vom Croke Park, für den gehobenen Post-Match-Snack. Es gibt u. a. vegetarische Frühlingsrollen, scharfe Tom-Yam-Suppe und Chilli-Ente. Am frühen Abend sind die Menüs günstiger – das Early-Bird-Menü (16–18.30 Uhr) umfasst zwei Gänge.

184 B4 ✉ 112 Drumcondra Rd., D9
☎ 01 797 92 39
www.chillibanana.ie
Mi–So 16–22 Uhr

The Church €€

Über vier Ebenen erstrecken sich in einer ehemaligen Kirche mittlerweile Club, Café, Gartenlokal, Bar und Restaurant. Das Café bietet Kaffee und Snacks, in der Bar bekommen Sie neben Drinks Buffalo Wings oder Kartoffelpüree mit Würstchen, während das Restaurant Suppen, Rinderpasteten, Steaks und Meeresfrüchte auftischt.

190 B4 ✉ Jervis St., Ecke Mary St., D1
☎ 01 828 01 02 www.thechurch.ie
Mo–Do 10.30–23, Fr/Sa 10.30–1.30, So 11.30–23 Uhr

Amir's Delights €

Das angebliche »Italian Quarter« ist eigentlich nur eine Gasse am Ormond Quay, wo sich einige legere Lokale angesiedelt haben. Mit dazu gehört das Shisha-Café Amirs, das vor allem mit frisch aus Tunesien eingeflogenen Süßwaren begeistert.

190 C4 ✉ Blooms Lane, D1
☎ 01 888 08 34 www.wallacewinebars.ie
tgl. ab 16 Uhr

Morrison Grill €€€

Das Restaurant im Morrison Hotel (S. 175), einer der bekanntesten und besten Adressen der Stadt, glänzt nach einer umfassenden Renovierung im neuen, zeitlos-opulenten Stil, der durch einen gelungenen Mix aus barocker Üppigkeit und Minimalismus verblüfft. Köstlich sind die Gerichte, die Küchenchef Sushil Kumar servieren lässt: moderne europäische Küche mit besten irischen Zutaten, ausgerichtet nach den Jahreszeiten und ansprechend arrangiert.

190 C3
✉ Morrison Hotel, Ormond Quay Lower, D1
☎ 01 887 24 00
tgl. 12–21.30 Uhr

Govinda's Restaurant €

Im Obergeschoss meditierten und singen die Hare-Krishna-Jünger, im Erdgeschoss dagegen servieren sie sehr gute, reichhaltige und nahrhafte vegetarische Gerichte. Mit einem Lächeln für alle Besucher. Seit Jahrzehnten gilt dieses kleine Restaurant mit leichtem Kantinencharakter als zuverlässiger Tipp für Leute, die fleischlos satt werden wollen, und

auch noch relativ günstig davonkommen möchten. Verwirrt von der Auswahl? Einfach das Tagesmenü bestellen, wird schon schiefgehen.
+ 191 D4 ✉ 83 Middle Abbey St., D1
☎ 089 962 17 87 ◷ Mo–Sa 12–19 Uhr

Soup Dragon €
Der Laden ist zwar winzig, tischt aber eine einfallsreiche und vielseitige Suppenauswahl in drei Größen auf. Zu empfehlen sind vor allem die Thai-Hühnchen- und die Muschelsuppe – womit Sie sogar Biowein oder -bier kombinieren können. Auch leckere Smoothies und klasse Kaffee sind zu haben. Zu jeder Suppe gibt es selbst gebackenes Brot und Früchte. Fragen Sie nach dem Souper Club, einem Vier-Gänge-Festpreismenü, das es gelegentlich gibt!
+ 190 B3 ✉ 168 Capel St. North, D1
☎ 01 872 32 77 ⊕ www.soupdragon.com
◷ Mo–Fr 8–16 Uhr

The Winding Stair €€
Hier treffen Bücher auf Wein und gutes Essen: Über dem Buchladen am Liffey-Ufer kommen Gerichte mit einheimischen Produkten der Saison, z. B. Seeforelle vom Lough Neagh oder Kerry-Garnelen auf Toast mit Knoblauch und Zitrone, auf den Tisch. Viele Theatergänger schauen gerne vor der Aufführung vorbei. Bitten Sie um einen Tisch am Fenster mit Blick auf die Ha'penny Bridge (S. 123)!
+ 190 C4 ✉ 40 Ormond Quay Lower, D1
☎ 01 872 73 20 ⊕ www.winding-stair.com
◷ tgl. 12–22.30 Uhr

Feine Hausmannskost im Winding Stair

Wohin zum … Einkaufen?

Nördlich der Liffey erleben Sie beim Shoppen ein Stück Dubliner Alltag: Große Warenhäuser, Märkte und Kettenläden bestimmen das Bild – und weniger die kleinen edlen Boutiquen wie auf der Southside.

WARENHÄUSER

Abgesehen von **Brown Thomas** (S. 110) finden Sie im Gebiet nördlich der Liffey Filialen fast aller guten Kaufhausketten Irlands. Manche von ihnen, etwa **Arnotts** in der Henry St. (www.arnotts.ie), gibt es nur in Dublin. Arnotts ist das älteste und größte Kaufhaus Irlands mit einer Riesenauswahl an Kleidung, Kindermode, Kosmetik-, Sport- und Deko-Artikeln. Irische Produkte findet man auch, vor allem in der Abteilung Home: Fein ist das irische Leinen. Waterford-Kristall und Newbridge-Besteck stammen aus in Irland beliebten Manufakturen.

So viel Gucken und Kaufen macht müde: Ein preiswertes Café liegt im zweiten Stock, ein beliebtes Restaurant in der obersten Etage. Das Einkaufserlebnis ist durch die »Inseln« verschiedener Marken nicht immer gradlinig oder gar schnell, der Kunde soll ja auch verweilen.

MÄRKTE

Montag bis Freitag können Sie mit dem **Moore Street Market** (S. 121) nahe der Henry Street eine Dubliner Institution mit viel Lokalkolorit erleben: Über Jahrzehnte hat sich der Markt, wo Obst und Gemüse, Blumen, Schuhe, Stiefel und Krimskrams verkauft werden, kaum verändert. Einige der Händler kommen noch immer mit der Pferdekutsche und rufen teils in breiter Dubliner Mundart lautstark aus, was sie gerade im Angebot haben: Eine Jackfrucht gefällig? Frische Erdbeeren und Mangos, geräucherter Fisch und irische Schokolade – auf dem Markt ist dies alles zu finden.

In den Läden ringsherum geht es ebenfalls international zu: osteuropäisch, asiatisch und

Waterford-Kristallglas ist ein Hingucker; ein Ort im Süden Irlands gibt ihm seinen Namen.

afrikanisch. Auch der Abendmarkt (Do–So) ist »ethnisch« geprägt.

Vermutlich werden Sie kaum ein Pferd kaufen wollen, doch der berühmte Pferdemarkt auf dem **Smithfield Square** (S. 130) am ersten Sonntag im März und September ist legendär. Wenn auch, dank straffer Regulierung, eigentlich dabei auszusterben.

MODE

In der Jervis Street finden Sie im **Jervis Street Shopping Centre** (www.jervis.ie), dem größten Einkaufszentrum der Stadt, auf zwei Stockwerken die für diese Komplexe üblichen Läden.

Penneys (Tel. 01 872 00 46) in der O'Connell Street ist eine gute Adresse für Trendmode. Ganz in der Nähe liegt an der Henry Street mit dem **Ilac Centre** Dublins Einkaufscenter-Urgestein mit vielen beliebten Kettenläden (www.ilac.ie; Eingänge auch Moore St. und Parnell St.).

Echter Dubliner Chic gefällig? **Louis Copeland** (39–41 Capel St., D1) entstand aus einer Dubliner Schneiderei und ist heute ein Herrenausstatter, der eigene Anzüge und Hemden, aber auch internationale Marken vertreibt.

IRISCHE SOUVENIRS

McDowell (3 O'Connell St. Upper, D1) ist auf handgearbeiteten Gold- und Silberschmuck spezialisiert. Keltische Schmiedekunst ist von jeher Irlands Stolz und viele Kunsthandwerker lassen sich heute von den Mustern auf alten Kelchen und Schmuckstücken inspirieren. Eines der bekanntesten Symbole und ein Souvenir-Hit ist der Claddagh-Ring (die beiden Hände, die ein Herz mit Krone halten, sind ein Symbol für Liebespaare).

BÜCHER

Die größte Buchhandlung der Stadt, **Eason and Son** (40 O'Connell St., D1; www.easons.com), bietet Mainstream, Karten, internationale Zeitungen und Fotobildbände sowie CDs. Eine oftmals interessantere Auswahl bietet dagegen der größte unabhängige Buchladen der Insel, **Chapters** (Ivy Exchange, Parnell St., D1; www.chaptersbooktore.com) ... komplett mit einer Riesenauswahl an gebrauchten Büchern.

LIVEMUSIK

Bei **Goodwins** (134 Capel St., D1; www.goodwinsmusic.ie) bekommt man hochwertige handgemachte *bodhrán*-Trommeln (sprich: »boran«), *uilléan*-Flöten, Harfen und weitere traditionelle Instrumente für den berühmten irischen Sound. Auch die Notenabteilung ist gut sortiert.

Wohin zum ... Ausgehen?

BARS UND PUBS

Die Northside hat einige der angesagtesten Bars der Stadt zu bieten. **Quay 14** im Morrison Hotel (S. 175) ist teuer, aber Sie besuchen hier einen Topspot. Mehr modernes Design gibt es in Dublin fast nicht.

In der **Bar Italia** (26 Ormond Quay, D1; www.baritalia.ie) spüren Sie italienischer Lebensart nach. Hausgemachte Lasagne, Tagliatelle und andere Klassiker der Mittelmeerküche, kommen auf den Tisch. Den Abschluss krönt ein starker Espresso. In der Nähe bietet **Black Sheep** (61 Capel St.; www.galwaybaybrewery.com/blacksheep; Abb S. 141) *crafty beers* und *simple food*.

Zwar sind die Pubs nördlich der Liffey spärlicher gesät als auf der Southside, dennoch gibt es einige Highlights. **The Flowing Tide** (9 Abbey St. Lower, D1; Tel. 01 874 41 08) gegenüber vom Abbey Theatre ist bei Theatergängern nach den Vorstellungen beliebt. Die Kneipe wurde allerdings kürzlich nach Besitzerwechsel grundrenoviert.

Weitgehend traditionell (und sehr zentral) ist auch **The Oval Bar** (78 Middle Abbey St., D1; www.theovalbar.com), in der ein gepflegte Guinness gezapft und ein wirklich deftiges Irish Stew serviert wird. Früher eine Art Außenbüro des Irish Independent (die ehemaligen Redaktionsräume liegen nur ein Stück die Straße nach Westen entlang), heute dagegen oft von Touristen überrannt - der Besuch lohnt eher zu den ruhigeren Zeiten am späten Vormittag oder frühen Abend.

Je mehr die neuen Docklands Gestalt annehmen, umso besser wirkt sich das auf die Pubs der Gegend aus. Ganz weit oben rangiert die **Harbourmaster Bar** (IFSC Dock, D1; www.harbourmaster.ie): Das frühere Büro des Hafenmeisters wurde zu einem Pub im traditionellen Stil und Restaurant mit Blick auf die Docks umgebaut.

Die Piano-Weinbar **The Green Room** (Liffey Trust Centre, 117–126 Sheriff St. Upper, D1; www.thegreenroombar.ie) liegt für einen Drink vor oder nach einem Konzert sehr günstig direkt neben der 3Arena (S. 143).

Die Northside hat einige alteingesessene Bars zu bieten: wie The Black Sheep.

Zu den guten typisch irischen Pubs etwas außerhalb gehört **John Kavanagh's** (Prospect Square, Glasnevin), das in achter Generation geführt wird. Ein Pub vom alten Schlag – oft wird er auch nach der ehemaligen Stammklientel »The Gravediggers« genannt. Den Namen verdankt er seiner Lage direkt am Glasnevin Cemetery (S. 137) – die Totengräber hatten die Gepflogenheit, Bestellungen mit ein paar Schippen frisch ausgehobener Erde gegen das Seitenfenster zu tätigen. Das Pint ist unschlagbar günstig, doch nicht nur deshalb lohnt der Weg mit Bus oder Taxi aus der Innenstadt.

THEATER

Nördlich der Liffey liegen zwei der berühmtesten Theater Dublins. Kritiker bezeichnen die Produktionen des **Gate Theatre** (Cavendish Row, D1, Karten-Tel. 01 874 40 45; www.gatetheatre.ie) als die besten in ganz Irland. Das Gate besteht seit 1929 und ist für seine Inszenierungen moderner irischer und beliebter internationaler Stücke bekannt.

Neben dem Gate genießt das **Abbey Theatre** (Abbey St., D1; www.abbeytheatre.ie) weltweites Renommee. Es zeigt Produktionen älterer irischer Stücke von Autorinnen und Autoren wie Brendan Behan, Seán O'Casey, George Bernard Shaw, W. B. Yeats und J. M. Synge.

Im Erdgeschoss des Abbey liegt das kleinere **Peacock Theatre**, wo Avantgardestücke gegeben werden – eine wichtige Plattform für aufstrebende irische Autorentalente.

KINO

Zu den großen Kinos der Stadt gehört das riesige **Cineworld** (Parnell St., D1; www.cineworld.ie). Mit dem **Savoy Cinema** (17 Upper O'Connell St., D1; www.imccinemas.ie) aus dem Jahr 1929 befindet sich eines der ältesten Kinos direkt um die Ecke. Der neue Eigentümer IMCinema ließ es zu einem modernen Kino mit sechs Sälen umbauen, wo die neuesten Blockbuster laufen.

Das **Lighthouse Cinema Smithfield** (Market Square, D7; www.lighthousecinema.ie) zeigt eine Mischung aus irischen, Independent-,

fremdsprachigen und Arthouse-Streifen sowie Filmklassiker.

Am Point Square (S. 136) hat das **Odeon Cinema** (www.odeoncinemas.ie), ein supermodernes Kino, seinen Platz.

COMEDY

Die Dubliner sind für ihren geistreichen Humor bekannt, und so treten in der **Laughter Lounge** (4–6 Eden Quay, D1; www.laughter lounge.com) Donnerstag bis Sonntag einheimische und internationale Stand-up-Talente auf. Die Vorstellungen beginnen um 21 Uhr, eine Reservierung ist zu empfehlen.

Es gibt überhaupt in vielen Pubs Comedy-Abende – achten Sie auf entsprechende Flyer, die ausliegen.

LIVEMUSIK

Sehr beliebt ist das am Fluss gelegene **The Grand Social** (35 Liffey St. Lower, D1; www.thegrandsocial.ie), das auf vier verschiedenen Bühnen einen Mix aus Livemusik, Comedy und Kunst auf die Ohren bringt.

In der **Academy** (57 Middle Abbey St., D1; www.theacademydublin.com) spielen an manchen Abenden internationale Rock- und Popbands; ein DJ und Dance-Acts erweitern das Spektrum. Mi bis Sa nach 23 Uhr ein Club, wird hier bis spät weitergefeiert.

In der **3Arena** (www.3arena.ie) im Point Village in den Docklands spielen die Großen der Musikbranche vor bis zu 12 000 Zuschauern.

The Cobblestone (77 King St. North, Smithfield Square, D7; www.cobblestone pub.ie) wiederum ist Smithfields Herzstück der irischen Musikszene. Einige der besten Livemusiker des Landes kommen hier gerne zu spontanen Sessions.

In der sehr touristisch geprägten **Knightsbridge Bar** im Arlington Hotel (23–25 Bachelor's Walk, D1; Tel. 01 804 91 00) wird abends um 21 Uhr und am Sonntagnachmittag um 17 Uhr irischer Tanz zu passender Musik gezeigt.

Etwas außerhalb lohnt der Besuch eines »Irish Music«-Abends in der **Abbey Tavern** (www.abbeytavern.ie) im Küstenvorort Howth. Bei Irish Stew und Guinness vom Fass genießt man irische Musik und Tänze. Mitunter ist es sehr voll, doch auch viele Reisegruppen mindern das Vergnügen nicht, sich in dem alten Haus ganz der Musik und netten Begegnungen hinzugeben. An kalten Abenden lodert ein Torffeuer im Kamin und wärmt ein starker Irish Coffee. Die Dubliner Institution ist mit DART-Zügen erreichbar.

Auf dem Land wie hier bei Enniskerry zeigen Hunde, wie perfekt sie Schafe hüten.

Ausflüge

Raus aus der Stadt und ins ländliche Umland, zu imposanten Gärten oder uralten Stätten – das lohnt schon für einen halben Tag.

Seite 144–153

Ausflüge

Die üppige Landschaft um Dublin erkundet man am besten mit dem Auto, aber Küstenvororte sind auch mit der DART erreichbar.

Wir befinden uns im alten »Pale« – der am stärksten von britischer Herrschaft beeinflussten Region Irlands. Entlang der Küste erstrecken sich nördlich und südlich hübsche Fischerdörfer, Sandstrände und felsige Klippenwege. In das Küstendorf Malahide gelangen Sie leicht mit der DART (S. 172): Außer der prachtvollen Burg ziehen hier vor allem belebte Pubs die Gäste an.

Im Süden ist die Küste jenseits von Bray am spektakulärsten. Im Norden Dublins, im County Meath, faszinieren die Ganggräber von Newgrange (S. 152). Die Grafschaft Kildare im Hinterland von Dublin gilt als Herz von Irlands bester Pferdezucht. Der vielleicht schönste Ausflug von Dublin aus führt zu den Moorheiden und Bergschluchten in den Wicklow Mountains (S. 147). Kultivierter als die ungezähmte Natur ist der Garten des Powerscourt House (S. 150).

Wicklow Mountains

Was?	Grüne Schluchten, weite Seen, tosende Wasserfälle, abgelegene Sümpfe, raue Heidelandschaften
Wann?	Wenn Sie die Sehnsucht nach üppigem Grün packt
Länge	mindestens 150 km
Dauer	Einen Tag
Start/Ziel	Dublin Stadtmitte (via M50 und R755)

Die Spazierrouten mit schönen Ausblicken beginnen schon 17 km vom Stadtzentrum entfernt. Die Wicklow Mountains sind im weltweiten Vergleich niedrig, nicht jedoch nach irischem Standard: Der Lugnaquilla ist mit 925 m einer der höchsten Berge Irlands.

Anfahrt

Alle Hauptrouten von Dublin ins Wicklow-Gebirge (via Sally Gap, Wicklow Gap oder über die Powerscourt-Berge) bieten tolle Aussichtspunkte, doch wahres Vergnügen bereitet es, ausgetretene Pfade zu verlassen und die entlegenen Ecken des Gebirges selbst zu erkunden. Nehmen Sie die N 81, Wexford Road, südlich von Dublin, und biegen Sie bei Hollywood

Lila umwölkt: Sally Gap in den Wicklow Mountains

links ab auf die R 756 nach Glendalough.

Glendalough

Den hl. Kevin zog es um 500 in das einzigartige Tal von Glendalough, da er hier in einer Höhle meditieren wollte. An diesem Ort der Einsamkeit gründeten seine Anhänger ein Kloster. Die Gegend zwischen den beiden Seen, Upper und Lower Lake, avancierte über die Jahrhunderte zu einem spirituellen Zentrum, dessen Anziehungskraft weit über Irland hinaus reichte. Heute erinnern an diese Zeit nur noch Ruinen, doch der Ort strahlt eine besondere Atmosphäre aus, der man sich kaum entziehen kann.

Schon viele schritten durch diese Bögen: Gatehouse in Glendalough.

Vom Haupttor aus können Sie auf romantischen Wegen die Überreste der alten Klostersiedlung entdecken: Dazu zählen ein Rundturm aus dem 12. Jh. – 30,5 m hoch und das Wahrzeichen von Glendalough –, schmucklose kleine Kapellen, diverse Kirchen, ein Oratorium und zahlreiche keltische

Uralter Friedhof beim Kloster Glendalough

Kreuze vor dem bergigen Hintergrund. Ein Waldpfad führt bis zur Spitze des Hügels hinauf.

Im dicht bewaldeten Tal behaupten sich die Bauten der Klosteranlage Glendalough.

Eine Höhle als Bett

Nachdem Sie so das Herz der alten Stätte im unteren Teil des Tals östlich des Lower Lake besichtigt haben, lockt die Umrundung des Upper Lake, schon allein wegen der großartigen Landschaft. Dort befand sich die ursprüngliche Siedlung der Anhänger des hl. Kevin (Teampall na Skellig). Und vielleicht entdecken Sie St Kevin's Bed, jene Höhle, in der der Eremit sieben Jahre gelebt haben soll.

KLEINE PAUSE

Eine Rast bietet sich in Irlands höchstem Pub, am **Johnnie Fox's** (www.johnniefoxs.com) in Glencullen, am nördlichen Rand des Wicklow-Gebirges. Er ist zwar sehr touristisch, aber berühmt für seine fantastischen Meeresfrüchte- und Fischgerichte und traditionelle Musiksessions.

Glendalough
✉ County Wicklow (ausgeschildert von Kilmacanogue)
☎ 0404 4 53 25

● Besucherzentrum: tgl. März–Okt. 9–18, sonst 9–17 Uhr
Besucherzentrum: 5 €; Klostergelände: frei

Powerscourt

Was?	Weitläufige Gartenanlage in den Wicklow Mountains
Wann?	Wenn es grünt und blüht
Länge	ca. 26 km (eine Strecke)
Dauer	Einen halben Tag
Start/Ziel	Dublin Stadtmitte (via M50 und R760)

Achsen lenken den Blick auf den Berg Sugar Loaf.

Die Gärten von Powerscourt liegen nur 25 km südlich von Dublin. Nehmen Sie die N 11 in Richtung Süden, biegen Sie bei Enniskerry (Abb. S. 144) ab und folgen Sie dann den Schildern nach Powerscourt.

Die Gärten wurden Mitte des 18. Jh.s angelegt, im 19. Jh. verändert. Weitläufige Flanierwege verbinden das Gelände, es gibt einen Rosengarten, Statuen und Seen. Im Park thront das palladianische Herrenhaus, das sich im 18. Jh. der 1. Viscount of Powerscourt erbauen ließ und das nach einem verheerenden Brand (1974) wieder vollständig hergerichtet wurde. Zugänglich für Besucher ist das im Erdgeschoss liegende und von Avoca betriebene Kunsthandwerksgeschäft, das ein anspruchsvolles Sortiment aus gewebten Decken, Tweedjacken und Töpferwaren präsentiert.

KLEINE PAUSE

Im **Avoca Terrace Café** gibt es warmen Apple Pie mit Sahne, wunderschön auf der Terrasse mit Blick auf den Park.

Powerscourt Estate, Enniskerry, County Wicklow
01 204 60 00
www.powerscourt.com

Gärten: März–Okt. tgl. 9.30–17.30 Uhr; sonst bis zur Abenddämmerung
Gärten: 11,50 €, Wasserfall: 6,50 €

Malahide

Was?	Eine imposante Burg, ein bewaldetes Landgut und ein angesagter Wohnort
Wann?	Schön zur Blütezeit
Länge	ca. 20 km (eine Strecke)
Dauer	Einen halben Tag
Start/Ziel	Zug/DART ab Connolly Station in Dublin, dann zu Fuß

Die imposante Burg steht auf einem großzügigen Landgut. Sie gehörte von 1185 bis 1975 der Familie Talbot – außer unter der Herrschaft Oliver Cromwells (1653–1658).

Eine Führung durch die Burg lässt ihre Wandlung von einer mittelalterlichen Festung zu einem stattlichen Anwesen von märchenhafter Gestalt erleben. Die Einrichtung ist georgianisch. Ein Teil der National Portrait Collection ist im großen Bankettsaal untergebracht. Auch Porträts der Familienmitglieder der Talbots haben hier ihren Platz. Und im Turm trauert, herumspukend, der ehemalige Hofnarr Puck.

Die Talbot Botanic Gardens, im Auftrag von Lord Milo Talbot zwischen 1948 und 1973 gestaltet, sind einen Besuch wert. Sehr schön ist der fast 2 km lange Fairy Trail, auf dem man Elfen und Gnomen nachspüren kann – mit dem dazu passenden Büchlein nicht nur ein Spaß für Kinder.

Markant sind die runden Türme der Burg.

KLEINE PAUSE

Das Burggrundstück bietet viele Möglichkeiten für Spaziergänge und ein ausgedehntes **Picknick**.

✉ Malahide, County Dublin
🚌 Bus 42 oder DART-Zug, auch einige Ausflugsbusse ab Stadtzentrum
Burg
☎ 01 8 16 95 38
🌐 www.malahidecastleandgardens.ie
🕒 tgl. 9.30–17.30 Uhr
ab 7,50 €

Brú na Bóinne

Was?	Forts, Megalithen, Steinkreise und Ganggräber
Wann?	Am besten früh, um alles zu sehen
Länge	Mindestens ein halber Tag
Dauer	Einen Tag
Start/Ziel	Dublin Stadtmitte (via M1 oder M2/N2), Einlass NUR über das Besucherzentrum

Anfahrt: über die N 1 (Belfast Rd.) von Dublin nach Drogheda, dann den Schildern nach Brú na Bóinne folgen.

Brú na Bóinne (»Tal des Boyne«) liegt auf idyllischem, 780 ha fassendem Ackerland im County Meath fünfzig Straßenkilometer nördlich von Dublin, westlich des Dorfes Donore. Bereits in der Steinzeit lebten Menschen in diesem fruchtbaren Flusstal und sie fühlten sich offensichtlich zu Großem berufen. Das Brú-na-Bóinne-Besucherzentrum vermittelt in seiner Ausstellung die Bedeutung der neolithischen Monumente: Eine maßstabsgetreue Nachbildung der Kammer in Newgrange und ein Modell eines der Gräber von Knowth helfen dabei.

Geheimnisvolle Grabstätte – Newgrange

Die Grabstätte in Newgrange ist zweifellos der Höhepunkt von Brú na Bóinne: Größe und Komplexität sind atemberaubend. Hier findet sich die meiste megalithische Kunst europaweit. Der massive, grasbedeckte Grabhügel hat einen Durchmesser von bis zu 85 m, ist 12 m hoch und wird auf 3200 v. Chr. datiert. Die Außenwände sind mit weißem Quarzit versehen, allerdings eine moderne »Interpretation«. Über dem Eingang befindet sich die »Lightbox«, in den 1970ern entdeckt und restauriert. Mit ihr bekam die Kammer einen über die Begräbnisstätte hinausgehenden Sinn, denn einmal im Jahr, am Morgen der Wintersonnenwende, dringen Sonnenstrahlen durch den Schlitz und beleuchten das Innere. Wer dies miterleben möchte, muss das Glück haben, in einem Losverfahren ausgewählt zu werden.

Ein Guide geleitet Sie auf Ihrem Rundgang bei Dämmerlicht durch einen 19 m langen Gang zu einer bienenstockförmigen Grabkammer, wo man komplizierte Linienmuster bestaunen kann, die noch die Wände schmücken. Als Newgrange ausgehoben wurde, fand man kaum menschliche Überreste. Niemand weiß, wieso, aber vielleicht wurden die hier beerdigten Leichen regelmäßig beseitigt – die Spekulationen um Newgrange sind weitaus zahlreicher als die gesicherten Fakten.

Newgrange ist nur eine von etwa 40 Grabstellen in der berühmten Biegung des Boyne. Ganz in der Nähe befinden sich die Hügel von Dowth (Ruine, aber frei zugänglich), und Knowth mit prachtvoller megalithischer Grabkunst und verschiedenen Hügelgräbern, deren Erforschung noch andauert.

Dowth liegt 3 km östlich, Knowth 1,5 km nordwestlich von Newgrange.

Das Gelände gehört zum UNESCO-Welterbe.

Leuchtendes Osterfeuer – Slane

Das Boyne Valley ist nicht nur für Newgrange berühmt. Der hl. Patrick soll im Jahr 433 auf dem nahe gelegenen Hill of Slane die »Flamme des Christentums« in Irland entfacht haben, in direkter Konkurrenz zu heidnischen Druidenritualen auf dem Hill of Tara. Bevor dort das Feuer auflodern konnte, hatte Patrick schon gezündelt ... der Legende nach war dies der Beginn der christlichen Dominanz auf der Grünen Insel.

KLEINE PAUSE

Die Monumente mitten im Nichts – wer eine Stärkung braucht, kann beruhigt das Bistro-Café im **Besucherzentrum nutzen.** Das Preis-Leistungs-Verhältnis ist noch in Ordnung.

Brú na Bóinne
✉ Besucherzentrum, Donore, County Meath (2 km westl. des Dorfs Donore, südl. des Boyne-Ufers)
☎ 041 9 88 03 00

🌐 www.heritageireland.ie
◔ tgl. ab 9 Uhr, wechselnde Zeiten und Onlinebuchung erforderlich; Knowth ist nur im Sommerhalbjahr geöffnet

Besucherzentrum 5 €, mit Shuttlebus und Besichtigung der Gräber ab 10 €
Buspendelverkehr zw. den Monumenten

Die Ha'penny Bridge verbindet Temple Bar mit der Northside. Über 100 Jahre lang wurde hier ein halber Penny Wegzoll erhoben.

Spaziergänge

Auf Wikingerspuren oder durch die belebten Docklands am Fluss entlang – erleben Sie wichtige Stätten Dublins beim Flanieren!

Seite 154–167

Wikinger und Mittelalter »erleben«

Was?	Spaziergang durch Dublins Geschichte
Wann?	Sehr schön am Sonntag, wenn der Verkehr ruhiger fließt und die Kirchenglocken die »gute alte Zeit« heraufbeschwören
Länge	3,2 km
Dauer	1,5 Stunden
Start/Ziel	Dublin Castle, Dame St., D2 190 B2 Bus 13, 27, 40, 49, 54A, 77A, 123 (Dame St.); Bus 9, 14, 15, 15A, 15B, 16, 65, 65B, 83, 122 (Georges St.)

Bedford Tower und Justitia am Castle

Spazieren Sie von der Burg zu einstigen Stätten der Wikinger und zu unbekannteren, aber dennoch für Dublin wichtigen Orten.

1–2

Am Dublin Castle (S. 60) schlägt das historische Herz der Stadt. Hier lag der Dubh Linn, der dunkle Pfuhl, an dem einst die Wikinger ihre Boote vertäuten. Verlassen Sie die Burg durch den Haupteingang und biegen Sie, die georgianische City Hall (S. 66) zu Ihrer Rechten, wieder rechts in die Hauptstraße ein: Wo heute Ampeln leuchten, stand einst das Dame Gate, eines der Haupttore der mittelalterlichen Stadtmauer. Es wurde schon vor langer Zeit abgerissen.

Es geht links in die Parliament Street und wieder links in die Gasse Essex Gate. Eine kleine Bronzeplatte an einer Steinsäule auf der rechten Seite markiert den früheren Standort des Essex Gate, eines weiteren Stadttors des mittelalterlichen Dublin.

2–3

Die Exchange Street Lower rechts verläuft wie die frühere Stadtmauer. Sie wurde einst Blind Quay, »blindes Ufer«, genannt, da die Mauer den Blick auf den Fluss versperrte.

Bleiben Sie auf der Essex Street West, die wie die meisten Gassen hier im Lauf der Jahrhunderte viele Namen hatte – Stable Lane, Orange Street, Smock Alley. Bald erreichen Sie die Fishamble Street.

3–4

Im 10. Jh. war die Fishamble Street für die Wikinger die wichtigste Verbindung zwischen ihrem Hafen und den bedeutenden Handelsstraßen. Ihren Namen verdankt sie den Fischständen *(shambles)*, die sie einst säumten.

Im Jahr 1742 dirigierte Georg Friedrich Händel die Premiere seines »Messias« in dieser Gegend – gesungen wurde er von den Chören der St Patrick's Cathedral und der Christ Church Cathedral. Am Eingang des Handel's Hotel erinnert eine Gedenktafel daran.

Von hier geht es runter zur Liffey; wenn Sie nach links in den Wood Quay biegen, steht auf der linken Seite unvermittelt der Steven eines Wikingerbootes. Folgen Sie dem Wood Quay, vorbei an den modernen Civic Offices, die die Dublin Corporation in den 1970er-Jahren auf der alten Wikingersiedlung baute.

4–5
Überqueren Sie die Winetavern Street und gehen Sie am Merchant's Quay entlang zur Father Mathew Bridge. Der Stelle verdankt Dublin seinen anderen, »irisch-offiziellen« Namen: Baile Átha Cliath – »Furt an der Schilfhürde«.

Der Pub Brazen Head empfängt seine Gäste im mittelalterlichen Ambiente.

5–6
Links abbiegen in die Bridge Street, rechter Hand, steht Dublins ältester Pub, The Brazen Head (S. 75) von 1198 (das heutige Gebäude stammt aus dem 17. Jh.). Bald biegen Sie nach links in die Cook Street ab, wo Sie auf ein Stück der größtenteils rekonstruierten Stadtmauer aus dem Jahr 1100 stoßen. Der Name der Straße rührt daher, dass das Essen früher aufgrund der Feuergefahr außerhalb der Stadt zubereitet wurde, denn die meisten Gebäude waren aus Holz. Auf halber Höhe liegt rechts das St Audoen's Gate, Dublins einziges erhaltenes Stadttor aus dem Mittelalter. Es führt zur protestantischen St Audoen's Church (S. 64). Sie ist die letzte Pfarrkirche der Stadt, die noch aus dem Mittelalter stammt.

6–7
Von der Cook Street sehen Sie links den Dom der Church of the Immaculate Conception, auch »Adam-and-Eve«-Kirche genannt nach einer Taverne, in der zur Zeit der antikatholischen Strafgesetze Franziskaner heimliche Messen abhielten. Folgen Sie der Winetavern Street nach rechts zur Christ Church Cathedral (S. 65) – dem ältesten Gebäude und der Hauptkirche Dublins. Eine überdachte Brücke aus den 1870er-Jahren verbindet sie mit Dublinia (S. 65), einem Museum, das »live« ins Mittelalter führt.

7–8

Überqueren Sie die große Kreuzung am Christchurch Place und folgen Sie der Nicholas Street zum St Patrick's Park, wo der hl. Patrick die ersten Christen Irlands in einer Quelle getauft haben soll. Am Rande des Parks erhebt sich die St Patrick's Cathedral (S. 55), die 1191 an der Stelle eines hölzernen Vorgängerbaus errichtet wurde. Ihr Eingang (im St Patrick's Close) liegt 2 m unter dem heutige Straßenniveau – nämlich auf der Höhe der mittelalterlichen Stadt. In der Mitte des St Patrick's Close befindet sich die Marsh's Library (S. 69), sie ist die älteste öffentliche Bibliothek Irlands.

8–9

Biegen Sie links in die Kevin Street Upper. Im Bischofspalast St Sepulchre linker Hand residierten seit dem späten 12. Jh. die Dubliner Erzbischöfe, bis 1830 stattdessen eine Polizeistation eingerichtet wurde. Biegen Sie links in die Bride Street, dann die vierte rechts in die Golden Lane. An den Hauswänden des modernen Eckgebäudes sind zu Ehren des Schriftstellers Jonathan Swift, Szenen aus »Gullivers Reisen« auf Vignetten dargestellt.

Golden Lane: Geschmückt mit Szenen aus »Gullivers Reisen«

An der Straßengabelung gehen Sie links in die Stephen Street Upper, dann die erste links in die Ship Street Great. Am Dublin Castle gehen Sie nach links (Ship Street Little), ein Stück an der alten Stadtmauer entlang.

9–1

Nun biegen Sie rechts in die Werburgh Street hinein. Den hohen Turm der St Werburgh's Church rechts riss man 1810 ab, da die Machthaber fürchteten, dass von dort Scharfschützen ins Dublin Castle feuern könnten. Die Castle Street rechter Hand führt Sie schließlich zurück zum Eingang des Dublin Castle.

KLEINE PAUSE

Leo Burdock (S. 70) hat die besten Fish & Chips, bei **Chez Max** (S. 70) schmeckt's französisch.

An der Liffey

Was?	Wandern an Dublins Lebensader
Wann?	Tagsüber, bei Dunkelheit sind die Quays eher etwas unsicher
Länge	3,2 km
Dauer	1,5 Stunden
Start/Ziel	Heuston Station ⇸ 187 D5 / Pearse Station ⇸ 191 F2

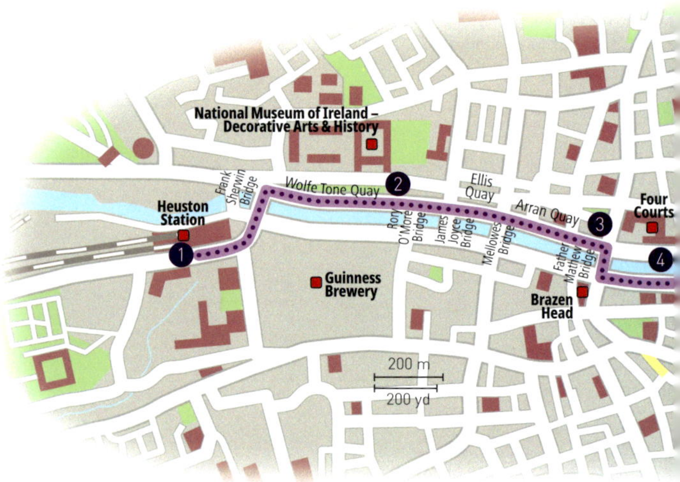

1–2

Ihr Weg an den Ufern der Liffey entlang beginnt an der Heuston Station – der imposanteste Bahnhof Dublins ist gleichzeitig einer der schönsten Europas. Auf dem nach dem Osterrebellen (S. 47) Seán Heuston benannten Bau prangt das Datum 1844, fertig wurde er wegen eines Steinmetzstreiks aber erst 1848.

Schon geht es über den Fluss, der Lebensader der Stadt ist: Die Frank Sherwin Bridge aus dem Jahr 1982 bringt Sie auf die Northside, wo Sie am Wolfe Tone Quay entlangflanieren – benannt nach einer Leitfigur des irischen Republikanismus (S. 25).

Links liegen die Collins Barracks, in denen eine Abteilung des National Museum of Ireland (S. 127) viel Interessantes und Besonderes zum Kunsthandwerk und zur Geschichte Irlands ausstellt.

Auf der anderen Seite des Flusses sehen Sie die Guinness Brewery (S. 49). Einst gab es hier eine spezielle Anlegestelle, von der brauereieigene Guinness-Boote das beliebte »schwarze Gold« die Liffey hinunter zum Hafen brachten.

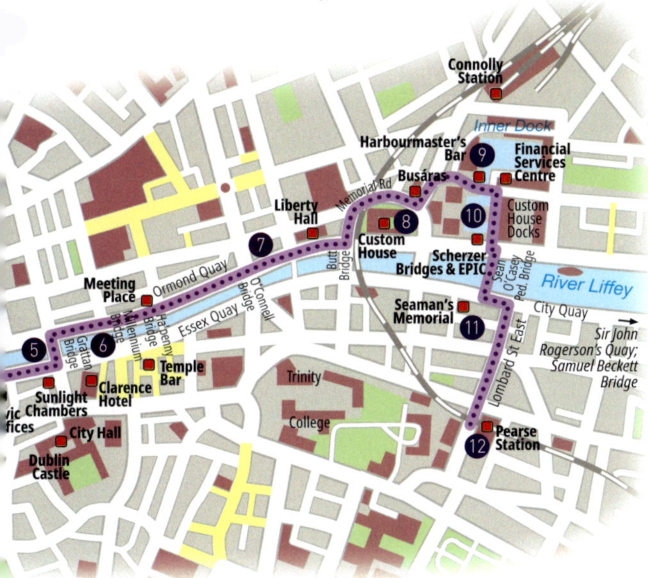

2–3

Sie kommen an der Rory O'More Bridge (1861) vorbei, an der James Joyce Bridge (2003) und an der Mellowes Bridge (1768) und queren auf der Father Mathew Bridge (S. 156) von 1818 erneut die Liffey. Ein Stück die Bridge Street hinauf steht rechts der älteste Pub der Stadt: The Brazen Head (S. 75).

Der an der Rory O'More Bridge beginnende Schwimmwettbewerb »Liffey Swim« besteht seit 1920, ganze Familien kraulen durch die Liffey.

3–4

Vom Merchant's Quay bietet sich eine fantastische Sicht auf die Four Courts (S. 131) am gegenüberliegenden Ufer. Der Engländer James Gandon entwarf den Bau mit seinem markanten runden Kupferkuppeldach – für viele ist er das

Sie vervollständigt erst das Bild: Möwe auf einer Brücke über die Liffey.

schönste Gebäude des 18. Jh.s in Dublin.

4–5

Die O'Donovan Rossa Bridge (1816) lassen Sie links liegen, die wie ein riesiges Gewächshaus wirkenden Civic Offices der Dublin Corporation am Wood Quay rechter Hand passieren Sie schnell. Sie wurden in den 1970er-Jahren auf den Resten einer historischen Wikingersiedlung erbaut – die Dubliner waren empört und verpassten dem Bau den Namen »Bunker«. An der Ecke Essex Quay/Parliament Street stoßen Sie auf die Sunlight Chambers. Rund um das 1910 fertiggestellte (ehemalige) Bürohaus des bekannten Seifenherstellers. widmet sich ein bemalter Terrakotta-Fries den Vorzügen der Hygiene (Abb. S. 164). Die Grattan Bridge wurde 1678 von Sir Humphrey Jervis gebaut, der sich so eine Abkürzung zur Dubliner Burg verschaffen wollte. Ihre heutige Form stammt von 1874 und ist der Londoner Westminster Bridge nachempfunden. Dem Vorsitzenden des alten Irischen Parlaments Henry Grattan zu Ehren trägt sie seinen Namen. Versäumen Sie beim Überqueren der Brücke nicht den Blick zurück auf die prächtige Fassade der City Hall (S. 66) am Kopf der Parliament Street!

5–6

Und nun folgen Sie der im Jahr 2000 am Fluss angelegten Holzpromenade in Richtung Osten – sie verläuft parallel zum Ormond Quay und ist mit kleinen Cafébars bestückt. Das charmante Gassengewirr am Nordufer stammt zum großen Teil aus dem späten 17. Jh. Die Häuser hier sind die ältesten Kaufmannshäuser Dublins, besonders die am Ormond Quay sind sehr hübsch. Die hohen, schlanken Gebäude am Wellington Quay (1812) auf der anderen Flussseite sind dagegen jüngere Uferbebauung. Aus diesen Gebäuden sticht das schöne Clarence Hotel (S. 174) heraus. Ein Stück flussabwärts fließt der Poddle, einst wichtige Wassersraße, durch einen vergitterten Tunnel in die Liffey. Bis 1625 war Temple Bar mit seinem Hafen der Hauptumschlagplatz des Handels in Dublin, statt dem Clarence stand hier ein Zollamt. Als die Schiffe größer wurden, verlegte man die Docks jedoch nach Osten.

6–7

Es folgen zwei Fußgängerbrücken: Die Millennium Bridge (1999) verbindet die Northside mit Temple Bar. Die Ha'penny Bridge (1816; Abb. S. 154) daneben ist das älteste schmiedeeiserne Bauwerk seiner Art der Welt. Über 100 Jahre lang wurde hier ein halber Penny Wegzoll erhoben – daher stammt der Name. Gegenüber in der Liffey Street steht eine Skulptur: »Meeting Place« von Jakki McKenna – zwei Frauen mit Einkaufstüten auf einer Bank; die Dubliner nennen sie ganz *non-PC* »The Hags with the Bags« (Schreckschrauben mit Taschen).

Die Docks werden modern, samt Brücken wie der Samuel Beckett Bridge im Osten.

7–8

Die O'Connell Bridge (1880) unterbricht den Promenadenweg, es folgt die moderne Rosie Hackett Bridge. Ein Stück weiter östlich erhebt sich bei der Butt Bridge (1932) die recht hässliche Liberty Hall – die Gewerkschaftszentrale war lange das höchste Gebäude Dublins. Verlassen Sie jetzt das Liffeyufer nach links, und umrunden Sie das Custome House (S. 134) auf der Landseite.

Der Fries am Haus zeigt: Hier wurde Seife gehandelt.

8–9

Vor dem Custom House steht eine allegorische Darstellung des irischen Freiheitskampfes, stark an die französische »Marianne« erinnernd.

Am Busáras, Dublins Busbahnhof, geht es ein Stück nach links in die Amiens Street. Die erste Straße nach rechts führt in die Custom House Docks, die 1791 mit der Eröffnung des Custom House und der angrenzenden Hafenbecken die Funktionen von Temple Bar übernahmen. Auch diese Gegend verfiel im frühen 20. Jh., als eine Ära noch größerer Schiffe anbrach. Doch mit dem Financial Services Centre begann 1987 die Sanierung. Sie passieren Harbourmaster's Bar und gehen über eine Brücke – links erscheinen die Apartmentanlagen im Inner Dock.

9–10

Am George's Dock steht das chq Building mit Cafés, Läden und dem EPIC The Irish Emigration Museum (S. 120, 134). Das frühere Lager einer Tabakfabrik gehört zu den schönsten Beispielen der Industriearchitektur des 19. Jh.s Gehen Sie vorbei an einem alten Kran zur Liffey und den restaurierten Scherzer Bridges (1912), einer schmiedeeisernen Rollklappenbrücke. Von hier aus wird die Zufahrt von Booten in die Docks gesteuert.

Das Seaman's Memorial erinnert an die Seeleute der irischen Handelsmarine, die im Zweiten Weltkrieg ihr Leben verloren.

10–11

Überqueren Sie die Liffey auf der Seán O'Casey Bridge mit Blick auf die Samuel Beckett Bridge (2009). Am Südufer befindet sich das Seaman's Memorial (ein rostiger Anker). Der lange vernachlässigte Sir John Rogerson's Quay im Osten erfuhr ebenfalls eine teure Sanierung, hier sind jetzt vor allem Wohn- und Bürogebäude zu finden.

11–12

Vom Seaman's Memorial gehen Sie über die Lombard Street East zur Pearse Station.

Georgianisches Dublin

Was?	Flanieren wie einst Leopold Bloom
Wann?	Sie lernen ganz entspannt drei der fünf georgianischen Plätze Dublins kennen!
Länge	2 km
Dauer	1 Stunde
Start/Ziel	St Stephen's Green ⍏ 191 D1; Busse 10, 11, 13, 14, 14A, 15A, 15B

1–2

Aufs Detail kommt es an: Türen georgianischer Häuser

St Stephen's Green (S. 96) ist eines der Wahrzeichen der georgianischen Ära, hier entstand 1739 mit dem Newman House (S. 99) eines der ersten Dubliner Häuser mit einer Granitfassade. Laufen Sie am Südrand des Green entlang in östlicher Richtung, vorbei am prachtvollen Iveagh House (S. 99). An der Südostspitze lohnt ein Blick auf die National Concert Hall (S. 112). Vielleicht finden Sie mal Zeit, an dieser Topadresse in der Earlsfort Terrace einem klassischen Konzert zu lauschen.

2–3

Überqueren Sie die Straße und folgen Sie der Leeson Street Lower geradeaus. Die Pembroke Street Upper, dritte links, führt zum Fitzwilliam Square. Er ist der kleinste und jüngste von Dublins fünf georgianischen Plätzen und sehr gut erhalten. Außerdem ist er der einzige, dessen kleiner Park in der Mitte immer noch allein den Anwohnern vorbehalten ist. Sehenswert sind die farbenfroh gestrichenen Haustüren und die Unterschiede im Detail, etwa beim schmiedeeisernen Zierrat.

3–4

Den Park zu Ihrer Linken, laufen Sie an der Süd- und dann Ostseite des Platzes entlang zur Fitzwilliam Street. Man

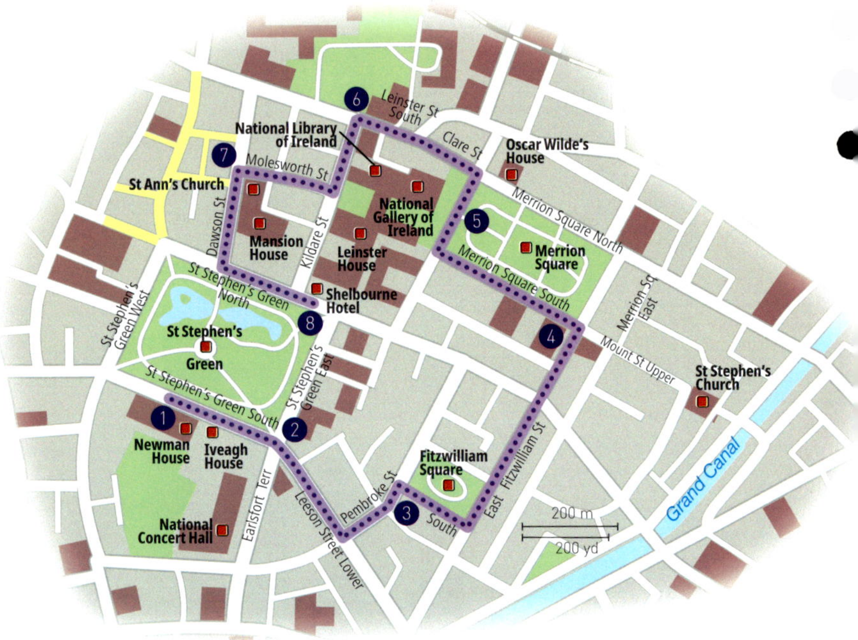

nannte die imposante Magistrale die »Georgianische Meile«, da sie die längste lückenlose Bebauung im georgianischen Stil in ganz Europa aufwies. Städtebaulicher Wahnwitz machte dem in den 1960er-Jahren ein Ende, als der hässliche moderne Bürokomplex des Electricity Supply Board genehmigt wurde. Immerhin aber finanzierte diese Firma zeitweise als »Wiedergutmachung« ein renoviertes Stadthaus als Museum.

4–5

Am Ende der Fitzwilliam Street sind Sie am Südostzipfel des Merrion Square (S. 104) angelangt, einem der größten Plätze Dublins. Zu Ihrer Rechten steht am Ende der Mount Street Upper die St Stephen's Church aus spätgeorgianischer Zeit, wegen ihres Türmchens auch »Pfefferstreuerkirche« genannt. Sie bleiben aber am Merrion Square, wenden sich jetzt nach links und gehen Sie die Südseite des Platzes entlang. Es lohnt

Schmiede-
eiserne Gitter, der Eingang mit Säulen: Häuserzeile am Merrion Square

sich, auf die Oberlichter über den Haustüren, die schmiedeeisernen Balkongitter, die Fußabstreifer und Abdeckungen der Kohlenschächte zu achten. Am Sonntag hängen Künstler ihre Werke am Geländer des mittig gelegenen Parks auf – einfach mal schauen, vielleicht ist etwas für Sie dabei (S. 113)? Die Westseite des Platzes nehmen das Leinster House (S. 103) und die National Gallery of Ireland (S. 94) ein.

5–6

In der Nordwestecke des Parks erinnert eine bunte Statue an Oscar Wilde, gegenüber steht das Haus Nr. 1, wo er als Kind lebte. Biegen Sie hier links in die Clare Street und folgen dann der Südflanke des Trinity College.

6–7

Links in die Kildare Street, vorbei an der National Library of Ireland (S. 102) und dem Leinster House (S. 103), dann die zweite rechts in die Molesworth Street, wo links neben Buswell's Hotel eines der letzten »Dutch Billies« zu sehen ist, ein Haus mit typisch holländisch geschwungener Giebellinie.

7–8

Biegen Sie links in die Dawson Street zur St Ann's Church und dem Mansion House im Queen-Ann-Stil (Sitz der Oberbürgermeisters). Am St Stephen's Green geht es nach links zum Shelbourne Hotel (S. 100).

Krakenalarm in der George's Street: Die Dubliner nehmen's mit Humor.

Praktische Informationen

Was vor der Reise wichtig ist, wie Sie vor Ort gut zurechtkommen und viele Infos mehr erfahren Sie hier.

Seite 168–180

VOR DER REISE

Auskunft

Visit Dublin Centre

✉ Barnado Sq., 3 Palace St., D2
🌐 www.visitdublin.com ◔ Mo–Sa 9–17 Uhr
Die offizielle Auskunftsseite von Visit Dublin bietet übersichtlich aufbereitete Informationen zu Restaurants, Pubs, Hotels, Märkten und Stadtführungen sowie eine Übersichtskarte. Ein kleineres Büro findet sich auch in 14 Upper O'Connell Street.

Tourism Irland
✉ Gutleutstr. 32, 60329 Frankfurt/Main
🌐 www.ireland.com/de-de
Aktuelle Infos und interessante Artikel über touristische Highlights online, auch eine Liste empfehlenswerter (Spezial-)Reiseveranstalter; Bestellung und Download von Broschüren möglich.

Websites
www.lovindubin.com: Newssite, die alles rund um Dublin liefert – inklusive aktuellen Terminen und Gastronomie-Empfehlungen.
www.timeout.com/dublin: Hotels, Restaurants und Nightlife, stets auf dem neuesten Stand, dazu Adressen und Tipps für Familien und Kinder ebenso wie für LGBTQIA+.
www.nomoreworkhorse.com: Kulturblog vom Feinsten, mit Interviews, Rezensionen und aktuellen Terminen.
www.comeheretome.com: Geschichte und Geschichten aus und rund um Dublin, ein echter Schmöker-Blog zum Appetitholen.

Apps
Next Bus Dublin: Die App, die das Leben wirklich leichter macht – mit Businformationen in Echtzeit! Zeigt nicht nur Routen an, sondern auch die nächstgelegenen Haltestellen, die aktuelle Ankunftszeit, und sogar die Zeit, die man zum Erreichen der Haltestelle braucht.

Botschaften

Deutsche Botschaft
✉ 31 Trimleston Av., Booterstown Blackrock
☎ 01 277 61 00
🌐 www.dublin.diplo.de

Österreichische Botschaft
✉ 6 Ailesbury Rd. ☎ 01 269 45 77
🌐 www.bmeia.gv.at/oeb-dublin

Schweizer Botschaft
✉ 6 Ailesbury Rd.
☎ 01 218 63 82 🌐 www.eda.admin.ch/dublin

Elektrizität
Spannung beträgt 230 Volt. Da irische Steckdosen für Dreipolstecker ausgerichtet sind, benötigen Sie einen Adapter, den es am Flughafen und vielen Läden in Dublin gibt. Die meisten Hotels halten für ihre Gäste auf Nachfrage Adapter bereit.

Ermäßigungen
Studenten und Senioren: In einigen Museen und Galerien gibt es ermäßigten Eintritt.
Leap Visitor Card: Die Karte gilt für alle Verbindungen von Dublin Bus, die Straßenbahn LUAS und die Vorortbahn DART bzw. Commuter Rail und kostet für 3 Tage 16 € (www.leapcard.ie), erhältlich online (Achtung: Lieferung per Briefpost!), am Flughafen und in der Innenstadt. Für Studenten gibt es Leap Cards mit Ermäßigungen von 50 % (Nachweis erforderlich).

Feiertage
1. Jan.: Neujahr (New Years Day)
17. März: St. Patrick's Day (Nationalfeiertag)
Ostermontag (Easter Monday)
25./26. Dez.: Weihnachten (Christmas)
Erste Montage: der Monate Feb., Mai, Juni, Aug., Okt.

Geld
Währung: Die Landeswährung der Republik Irland ist der Euro. Für die Schweiz gilt: 1 € = ca. 1 CHF
Kreditkarten: Die gängigen Kreditkarten werden akzeptiert. Mit den Karten von VISA, MasterCard etc. sowie mit EC-Karten kann man an zahlreich vorhandenen Automaten (ATM) Bargeld abheben.
Sperrnummer: Unter der einheitlichen Sperrnotruf-Nummer +49 116 116 kann man

in Deutschland Bank- und Kreditkarten, Online-Banking-Zugänge, Handykarten und die elektronische Identitätsfunktion des Personalausweises bei Verlust sperren lassen. Für Österreich gilt die Telefonnummer: ☎ +43 1 204 88 00
Die Schweiz hat keine einheitliche Notfallnummer; die wichtigsten sind:
☎ +41 44 659 69 00 (Swisscard);
☎ +41 8 48 88 86 01 (UBS Card Center)
☎ +41 58 9 58 83 83 (VISECA)
☎ +41 848 88 88 77 (PostFinance).

Gesundheit

Krankenversicherung: EU-Bürger legen bei Erkrankungen in Irland die Europäische Krankenversicherungskarte (EKVK/EHIC) vor.
Versorgung: In der Innenstadt ist das Mater Hospital die Anlaufstelle in Notfällen, der öffentliche Eingang befindet sich an der North Circular Road zwischen Berkeley Road und Leo Street.
Apotheken ***(pharmacies):*** gibt es eigentlich an jeder Ecke, ein 24-Stunden-Service existiert allerdings nicht.

In Kontakt bleiben

Post: Das Hauptpostamt liegt an der O'Connell St. (Mo–Sa 8.30–18 Uhr).
Telefon: Wegen des EU-weit mittlerweile verbraucherfreundlich geregelten Roamings sollte es kein Problem sein, das heimische Mobiltelefon während des Urlaubs ohne Zusatzkosten weiter zu benutzen.
WLAN: Kostenloses WLAN ist verbreitet in Restaurants und Hotels und immer häufiger auch in Gästehäusern und kleinen B&Bs. Hotspots und offene Netze gibt es in der Innenstadt fast überall.

Internationale Vorwahlen:

Deutschland: ☎ +49
Österreich: ☎ +43
Schweiz: ☎ +41
Irland: ☎ +353

Reisedokumente

Urlauber benötigen einen gültigen Reisepass oder Personalausweis für die Einreise nach Irland.

Reisezeit

Die Iren leben nach der Devise: Es gibt kein schlechtes Wetter, nur falsche (nämlich unangemessene) Bekleidung. Andererseits sieht man auch im Winter Schulkinder mit kurzen Röcken und Kniestrümpfen sowie Iren im T-Shirt, die nicht frieren. In den Koffer gehören jedenfalls eine warme Jacke und ein guter Regenschutz, da es häufiger, mitunter nur kurz, regnet. Die touristische Hauptreisezeit liegt zwischen Mai und September, weil sie am wärmsten und am sonnenreichsten ist.

Notrufe

Polizei, Feuerwehr, Krankenwagen: 999 oder 112

Sicherheit

Es gelten die üblichen Regeln: Bewahren Sie Wertsachen und Dokumente im Safe des Hotelzimmers auf. Schließen Sie Ihr Auto ab, lassen Sie keine Wertsachen sichtbar liegen. Die örtliche Polizei heißt Garda Siochána (sprich: »schie-kau-nah«) und trägt leuchtgelb-blaue Uniformen.

Meiden Sie nach Einbruch der Dunkelheit – besonders wenn Sie allein unterwegs sein sollten – den Phoenix Park und den Liffey Boardwalk.

Zeit

In Irland gilt die Greenwich Mean Time (GMT/UTC), Touristen aus Deutschland, Österreich und der Schweiz müssen die Uhr eine Stunde zurückstellen. Von März bis Oktober gilt die Sommerzeit.

Zollbestimmungen

Innerhalb der Europäischen Union (EU) ist der Warenverkehr für private Zwecke weitgehend zollfrei; allerdings gelten obere Richtmengen: 800 Zigaretten/400 Zigarillos; 10 l Spirituosen; 90 l Wein; 110 l Bier.
Schweiz: 200 Zigaretten/100 Zigarillos/ 50 Zigarren; 1 l Spirituosen; 4 l Wein; 60 ml Parfum. Infos unter: www.zoll.de, www.ezv.admin.ch.

ANREISE

… mit dem Flugzeug

Lufthansa (www.lufthansa.com) fliegt mehrmals täglich die Strecke von mehreren Städten, ebenso die nationale Fluggesellschaft der Irischen Republik (www.aerlingus.com). Der irische Billigflieger Ryanair (www.ryanair.com) verkehrt von deutschen (Provinz-)Flughäfen nach Dublin. Die Flugdauer beträgt eine bis ca. zwei Stunden.

Der Flughafen liegt etwa 10 km nördlich von Dublin (www.dublinairport.com) und hat zwei Terminals.

Vom Flughafen in die Stadt

Man kommt nur zu Fuss, mit dem Taxi oder (am günstigsten) dem Bus ins Zentrum: Ein **Airlink-Bus** (Nr. 747) fährt etwa alle 15 Min. von der Ankunftshalle zum Busbahnhof Busáras in der Innenstadt. Aktuellste Informationen zu allen Angeboten unter www.dublinairport.com/to-from-the-airport/by-bus. Wer die nächsten Tage in Dublin ohnehin viel Bus fahren will (also mehr als zwei Fahrten am Tag), kann sich ein günstiges Rambler-Ticket auf die Leap Card laden. Fünf Tage kosten 26 €, Informationen unter www.dublinbus.ie/Fares-and-Tickets/Adult/Rambler/

… mit der Fähre

Verbindungen gibt es von Schottland, England und Wales (»Landbridge«, Pass nicht vergessen) sowie Frankreich direkt nach Dublin.

Irish Ferries (www.irishferries.com) verbindet täglich Dublin Port und Holyhead (Wales) in 1 Std. 50 Min. mit der Schnellfähre und in ca. 3 Std. mit der normalen Fähre, die Direktverbindung nach Cherbourg (Frankreich) nimmt einen Tag in Anspruch. Außerdem verkehren Fähren von Cherbourg und Roscoff (Frankreich) in ca. 16–20 Std. und von Pembroke (Wales) in rund 4 Std. nach Rosslare in Südirland.

Stena Lines (www.stenaline.ie) unterhält eine Verbindung zwischen Dublin Port und Holyhead (Wales) in 3,5 Std. Weitere Fähren von Fishguard (Wales) nach Rosslare, sowie von Liverpool oder Cairnryan (Schottland) nach Belfast.

P&O Ferries (www.poferries.com) verkehrt über Calais–Dover und Liverpool nach Dublin.

… mit dem Auto:

In Irland herrscht Linksverkehr. Geschwindigkeitsbegrenzungen: 50 km/h Ortschaft, 80 km/h Landstraße, 100 km/h Nationalstraße; 120 km/h Autobahn. Dublin mit dem Auto zu besuchen ist allerdings kaum zu empfehlen.

UNTERWEGS IN DUBLIN

… mit dem Öffentlichen Nahverkehr

Zug: Commuter Services, DART-Züge (Dublin Area Rapid Transit, www.irishrail.ie) und LUAS-Straßenbahnen stellen die beste Verbindungen in die Vororte dar (Netzplan hintere Buchklappe).

Bus: Transport for Ireland (Tfl) hat ein flächendeckendes Busliniennetz im Stadtzentrum und den Vororten (www.transportforireland.ie; Mo–Sa 6–23.30, So 10–23.30 Uhr); auf ausgewählten Routen verkehren nach Mitternacht die Nitelink-Nachtbusse. »An Lar« bedeutet, dass der Bus die Innenstadt ansteuert. Tickets kann man im Bus kaufen (kein Wechselgeld), bequemer geht es aber mit der Leap Card.

… Taxi

Taxis sind mit Taxameter ausgestattet, ins Stadtzentrum kostet die Fahrt 10 bis 30 €. Taxitarife sind staatlich festgelegt, Fahrer sind zur Aushändigung einer vom Taxameter gedruckten Quittung verpflichtet. Standplätze in Dublin sind u. a. College Green, Aston Quay und O'Connell Street. Insgesamt gibt es genügend Taxis in der Stadt, zu Stoßzeiten und am Wochenende muss man u. U. länger auf ein vorbeifahrendes Taxi warten, das man mit einer Handbewegung heranruft. Ist man zeitlich nicht flexibel, bestellt man ein Taxi, übers Hotel oder die App Free Now (www.free-now.com/ie/taxi-dublin)

… mit dem Fahrrad

Auch in dieser Hinsicht ist Dublin vorbildlich: An rund 100 Stationen stehen Leihfahrräder bereit. Weit haben Sie es also nie, wollen Sie eines der robusten Räder ausleihen. Die Mietstationen (www.dublinbikes.ie) bieten 3-Tage-Mitgliedschaften für Touristen für 5 € an. Nachdem Sie einen Mitgliedsausweis erhalten haben, brauchen Sie nur die darin aufgeführte PIN-Nummer zum Ausleihen eines Fahrrads. An manchen Stationen können Sie das 3-Tages-Ticket per Kreditkarte kaufen. Die Gebühren sind äußerst moderat, die erste halbe Stunde ist kostenlos.

... mit Sightseeing-Touren
Dublin ist sehr kompakt und lässt sich gut zu Fuß erkunden (S. 154 ff.). Einen Überblick lohnender geführter Stadtspaziergänge zeigt der Kasten (rechts). Wer lieber auf eigene Faust loszieht, kann sich eine der sehr gut ausgearbeiteten und professionell produzierten **Touren-Podcasts** des Fitzwilliam Hotels gönnen. Kurz, aber durchaus umfassend. Mehr Informationen unter www.fitzwilliamhoteldublin.com/podcast.

Nur noch für Nostalgiker geeignet ist der einst hochgelobte Wanderweg **Rock 'n' Stroll Trail** mit seinen Gedenkplaketten in LP-Form. Auch wenn Vinyl wieder hip ist, die meisten Helden des Trails sind heute eher abgehalftert. Aber immer noch ein Spaß für Leute, die U2 noch als Nachwuchskünstler kennen (Karte unter www.dublintown.ie/rock-n-stroll-trail)

ÜBERNACHTEN

Sie können im Herrenhaus, hypermodern und mit Liffey-Blick, rustikal im umgebauten Lagerhaus oder extravagant nächtigen. Die Liffey markiert eine wirtschaftliche Trennung: Im nördlichen Innenstadtbereich schläft es sich meist günstiger. Generell gilt: Je weiter entfernt vom Stadtzentrum, desto niedriger sind die Preise und desto jünger – wenn auch nicht unbedingt besser – sind die Gebäude.

Möchten Sie exklusiv wohnen, wählen Sie das Merrion, Shelbourne, Clarence und Fitzwilliam im Herzen der Stadt. Sonst haben Sie die Wahl unter schönen Stadthäusern aus georgianischer Zeit, die in Boutiquehotels und Pensionen umgewandelt wurden.

Vielfältiges Dublin

Ghostbus Tour
✉ Start: Dublin Bus, 59 Upper O'Connell St., D1
🌐 www.ghostbus.ie
● Dauer: 2 Std. 🎟 ab 35 €
Reise im Bus zur dunklen Seite: Schauspieler erwecken Geister und Phantome der Stadtgeschichte zum Leben.

Hop-on Hop-off Bus Tours
✉ Start: Innenstadt
🌐 www.bigbustours.com
www.city-sightseeing.dom
www.dodublin.ie
wwww.hop-on-hop-off-bus.com
🎟 ab 20 € (24 Std., 30 Sights)

Literary Pub Crawl
✉ Start: 1. Stock Duke Pub, 9 Duke St., D2
🌐 www.dublinpubcrawl.com
● Dauer: 2 Std. 🎟 15 €
Dem Literaturerbe näher kommen: Spaziergang, auf dem Schauspieler Zitate und Anekdoten in Pubs zum Besten geben.

Musical Pub Crawl
✉ Start: 1. Stock Ha'penny Bridge Inn, 42 Wellington Quay, D2
🌐 www.musicalpubcrawl.com
● Dauer: 2,5 Std.
🎟 19 €
Profimusiker führen durch berühmte Musikpubs und spielen, singen und erzählen irische Musikgeschichte.

Pat Liddy's Walking Tours
✉ Start: Molly Malone Statue, D2
🌐 www.walkingtours.ie
● Dauer: 2 Std. 🎟 20 €
Kulturelle, religiöse und politische Aspekte der Stadtgeschichte.

Viking Splash
✉ Start: Stephen's Green North
🌐 www.vikingsplashdublin.ie
● Dauer: 75 Min. 🎟 29 €
Unterwegs im Amphibienfahrzeug.

Für wenig Geld in Zentrum übernachten? Dann ist ein **Hostel** keine schlechte Wahl. Beliebte Adressen sind Isaacs (2–5 Frenchmans Lane, D1; www.isaacs.ie) in einem umgebauten Lagerhaus nördlich der Liffey, sowie Ashfield Hostel (20 D'Olier St., D2; www.ashfieldhouse.ie; nahe dem Trinity College), ein tolles Hostel, das auch geräumige Doppelzimmer im Angebot hat. Im trendigen Ausgehviertel ist Barnacles (19 Temple Lane, D2; www.barnacles.ie) richtig für Gäste, die sich in einer eher trubeligen Umgebung wohlfühlen.

Übernachtungspreise

Für ein Doppelzimmer pro Nacht mit Frühstück in der mittleren Saison:

€	unter 100 Euro
€€	100 bis 200 Euro
€€€	über 200 Euro

Hotelempfehlungen

Aberdeen Lodge €€

Das charmante, privat geführte Hotel in dem eleganten, restaurierten Haus aus edwardianischer Zeit verbindet den Stil dieser Jahre mit modernem Komfort. Freundlicher Service, großer Garten und tolles Essen (preisgekröntes Frühstück!). Die Lage in einer baumbestandenen Allee im südlichen Wohnvorort Ballsbridge, nahe der Autofähre und nur fünf Minuten von der DART-Haltestelle Sydney Parade entfernt, ist perfekt für Streifzüge durch die Innenstadt und Ausflüge in die Wicklow Mountains (S. 147).

189 E2 53 Park Ave., D4
01 283 81 55
www.aberdeenlodgedublin.com

Butlers Townhouse €€

Die 20 Zimmer dieses schön hergerichteten viktorianischen Stadthauses sind mit Luxusmöbeln und im Stil jener Epoche eingerichtet, moderne Annehmlichkeiten sind Massageduschen, Himmelbetten und Zimmerservice rund um die Uhr. Hier erleben Sie einigen Luxus: Im gemütlichen Salon können Sie einen Absacker nehmen, das Gourmetfrühstück wird im Speisesaal serviert. Die Penthouse Suite gibt es ab 1090 € pro Nacht! Mit Privatparkplatz. Das Hotel liegt einen Katzensprung vom Aviva-Stadion (S. 30) entfernt.

189 D3 44 Lansdowne Rd., D4
01 667 40 22 www.butlerstownhouse.ie

The Dylan Hotel €€€

Das Fünfsternehotel stellt mit jedem seiner 44 maßgeschneiderten Zimmer sowie mit Restaurant und Bar sein Trendbewusstsein unter Beweis. Betten im französischen Stil, Farbtupfer an Wänden und Textilien werden mit zeitgenössischen Leuchtern in Szene gesetzt. Jede Menge Hightech-Spielereien komplettieren das Ganze, beispielsweise wasserdichte, in die Fliesen integrierte Fernseher in einigen Badezimmern.

191 D3 Eastmoreland Place, D4
01 660 30 00 www.dylan.ie

Unser besonderer Tipp

Verwöhnzeit bei Promis

Das Clarence (€€€) ist ein minimalistisches Boutiquehotel im lebhaften Viertel Temple Bar und die Trendadresse schlechthin – das noble Haus aus dem 19. Jh. liegt direkt am Liffey-Ufer und gehört den beiden U2-Stars Bono und The Edge. Man legt hier unglaublich viel Wert aufs Detail und die vielen Promis, die hier gerne übernachten, wissen das und den sonst noch gebotenen Luxus zu schätzen.

192 C3 6–8 Wellington Quay, D2
01 4 07 08 00 www.theclarence.ie

The Fitzwilliam Hotel €€–€€€
Schöner oder zentraler können Sie kaum wohnen. Das Hotel nahe der Grafton Street (S. 102) mit Blick auf St Stephen's Green (S. 96) steht für zeitgemäßen Komfort, tadellosen Service und dezenten Luxus. Der englische Designer Terence Conran hat das Interieur im modernen Landhausstil interpretiert – Milchglas, Ledersofas, kantige Möbel, stimmungsvolle Beleuchtung und Farbakzente in Creme, Lila und Chrom. Von den Balkonen der vorderen Zimmer im Obergeschoss blickt man auf den Park, andere gehen auf die riesige Dachterrasse hinaus.
✈ 191 E1 ✉ St Stephen's Green, D2
☎ 01 478 70 00
🌐 www.fitzwilliamhoteldublin.com

The Gibson Hotel €€–€€€
Schnörkelloser Schick und der Blick über den Hafen und die Liffey, damit punktet dieses hypermoderne Viersternehotel mit gekonnt gestalteten Aussichtsterrassen und einem edlen Foyer. Hier wohnen Sie außerhalb und doch nahe am Puls, ein entspannter Spaziergang flussaufwärts bringt Sie in kurzer Zeit ins Herz des georgianischen Dublin.
✈ 185 D1 ✉ Point Village, D1
☎ 01 681 50 00 🌐 www.thegibsonhotel.ie

Grand Canal Hotel €–€€
Das moderne Hotel liegt noch nahe genug am neu gestalteten Grand Canal Square, um von der kulturschwangeren Atmosphäre zu profitieren. Restaurant, Bar und Café mögen nichtssagend sein, die sauberen Zimmer sind jedoch zeitgemäß. Bewachtes Parken, Fitnessstudio und eine DART-Haltestelle gegenüber ziehen viele Geschäftsreisende an.
✈ 188 C4 ✉ Grand Canal St. Upper, Ballsbridge, Dublin 4
☎ 01 646 10 00 🌐 www.grandcanalhotel.ie

Harding €€
Diese helle und stylishe Unterkunft beweist, dass Komfort auch für schmale Geldbeutel zu haben ist. Die meisten der 52 Zimmer haben drei Betten und alle ein eigenes Bad. Das Hotel liegt mitten im historischen Kern der Stadt (die Copper Alley, Dublins älteste Straße, verlief genau durch die heutige Lobby) und damit in unmittelbarer Nähe großer Sehenswürdigkeiten.
✈ 190 C3 ✉ Copper Alley, Fishamble St., D2
☎ 01 679 65 00 🌐 www.hardinghotel.ie

The Merrion Hotel €€€
Wenn es mal etwas ganz Besonderes sein darf: Dublins luxuriösestes Fünfsternehotel ist ein Ensemble aus vier georgianischen Stadthäusern. Behutsam restauriert, harmoniert die Eleganz des 18. Jh.s mit modernem Komfort. Der Landschaftsgarten im Stil der Epoche ist eine Ruheoase. Im Hotel befindet sich das nach seinem irischen Chefkoch Patrick Guilbaud benannte Restaurant (S. 108).
✈ 191 E1 ✉ Merrion St. Upper, D2
☎ 01 603 06 00 🌐 www.merrionhotel.com

The Mont Hotel €€
Das große, angenehme Hotel bietet hinter einer georgianischen Fassade luxuriöse, gut ausgestattete Zimmer. Die Lage unweit von Trinity College, National Gallery und den zentralen Shoppingvierteln ist fantastisch. Praktisch: der irische Pub im Erdgeschoss.
✈ 191 F2 ✉ 1–4 Merrion St. Lower, D2
☎ 01 607 38 00 🌐 www.themonthotel.ie

The Morgan Hotel €€
Zwischen kleinen Läden und Pubs versteckt sich dieses Boutiquehotel im pulsierenden Viertel Temple Bar: Nach umfangreicher Renovierung erstrahlt das Morgan in neuem minimalistischen Designer-Look, hier nächtigen Sie an einer der besten Adressen Dublins. Die Morgan Bar serviert im Hof Kaffee und Cocktails, mittags und abends kann man Tapas genießen.
✈ 191 D3 ✉ 10 Fleet St., Temple Bar, D2
☎ 01 643 70 00 🌐 www.themorgan.com

Morrison €€–€€€
Das Morrison ist ein Leuchtturm modernen Designs in bester Lage am Nordufer der Liffey. Der irische Stardesigner John Rocha hat dem Hotel seinen Stempel aufgedrückt: von den Toiletten bis zum Outfit des Servicepersonals. Trendy, modern und luxuriös, ein aufs Wesentliche reduziertes Nebeneinan-

der von Holz, Stein, Stahl und Samt – das Haus ist eine ausgefallene, lässige Oase fern des Großstadttrubels. Das hauseigene Lokal Halo wurde klar auf den Geschmack seiner Klientel zugeschnitten.
✈ 190 C3 ✉ Ormond Quay Lower, D1
☎ 01 887 24 00 🌐 www.morrisonhotel.ie

Number 31 €€
Das preisgekrönte B & B liegt im Herzen des georgianischen Dublin, nur wenige Minuten vom St Stephen's Green entfernt. Es gehörte einst dem berühmten irischen Architekten Sam Stephenson und erstreckt sich am Fitzwilliam Place über ein georgianisches Stadthaus und ein benachbartes Kutscherhaus. Die 21 Zimmer sind stilvoll und mit einem spürbaren Hang zum Luxus eingerichtet. Es wird alles getan, damit sich die Gäste wie zu Hause fühlen.
✈ 188 B3 ✉ 31 Leeson Close, D2
☎ 01 676 50 11 🌐 www.number31.ie

Phoenix Park Hotel €
Blumenschmuck vor den Fenstern, üppiges Irish Breakfast und bequeme Betten: eine bewährte Adresse, um in Dublin günstig und gut zu übernachten.
✈ 183 D1 ✉ 38/39 Parkgate St., D 8
☎ 01 677 28 70 🌐 www.phoenixparkhotel.ie

Schoolhouse Hotel €€
In einer einstigen Schule im schicken Ballsbridge ist dieses ungewöhnliche und gemütliche Hotel untergebracht. Die Atmosphäre ist sehr angenehm, die hochwertig ausgestatteten Zimmer bringen den Charme vergangener Zeiten mit heutigem Komfort in Einklang. Einiges aus den alten Schultagen ist erhalten geblieben und heute speist man in den einstigen Klassenzimmern – versuchen Sie mal einen Drink in der quirligen Bar. Oder Essen »al fresco« im Pod ... auch bei Regen. Die modern interpretierte Küche in der außergewöhnlichen Kulisse hat sich bereits einen guten Ruf erarbeitet.
✈ 188 C4 ✉ 2–8 Northumberland Rd., D4
☎ 01 667 50 14 🌐 www.schoolhouse.ie

The Shelbourne €€€
Das renovierte Shelbourne (S. 100) wurde zum erlesensten Hotel Dublins erkoren – seit der Eröffnung 1824 hat es so einige königliche und berühmte Gäste beherbergt. Es war 1922 Schauplatz der Ausarbeitung der irischen Verfassung. Heute zählt es mit seinen Luxuszimmern, zwei Bars, zwei Restaurants, Spa und Gesundheitszentrum zu den Hotels von Weltrang. Opulent und extravagant, aber mit persönlicher Note. Wenn es nicht ganz Ihrem Geschmack entspricht – es ist auch eine Adresse für den feinen Afternoon Tea!
✈ 191 D1 ✉ 27 St Stephen's Green, D2
☎ 01 663 45 00 🌐 www.theshelbourne.com

The Spencer Hotel €€–€€€
Das moderne Hotel unmittelbar am International Financial Services Centre ist eigentlich auf Geschäftsreisende ausgerichtet, kommt aber bei Touristen überraschend gut an. Die Zimmer sind groß, hell und freundlich – und ideal für Familien. Fragen Sie nach einem der Zimmer nach vorne raus, dann haben Sie einen schönen Liffey-Blick! Am Wochenende ist es oft günstiger, da dann keine Geschäftsreisenden buchen.
✈ 191 F4 ✉ IFSC, D1, Excise Walk
☎ 01 433 88 00 🌐 www.thespencerhotel.com

Etwas außerhalb:
Portmarnock Hotel and Golf Links €€–€€€
Das einstige Heim der Whiskey-Dynastie Jameson direkt am Meer an einem breiten Strand bietet Luxus, ein preisgekröntes Restaurant, ein Spa und einen 18-Loch-Golfplatz, den Bernhard Langer gestaltete.
20 Minuten vom Zentrum entfernt und ideal, selbst wenn Sie nicht golfen, für Trips nach Malahide (S. 151) und ins nördliche County Dublin. Sehr entspannt.
✈ nördl. 185 F5 ✉ Strand Rd., Portmarnock
☎ 01 846 0611 🌐 www.portmarnock.com

ESSEN UND TRINKEN

Noch nie hat Essengehen in Dublin so viel Spaß gemacht: In den letzten Jahren eröffneten in der Stadt zahllose neue Restaurants und Cafés, die sich nicht nur durch ein breites kulinarisches Angebot, sondern auch durch eine anregende Gestaltung

hervortun. Mit dem Wirtschaftsboom kamen viele junge und talentierte Küchenchefs aus dem Ausland zurück in die Heimat, um sich in der Stadt selbstständig zu machen.

Vorbei sind die Zeiten der fettigen Pommes: Austern und Muscheln, zartes Lammfleisch vom Biobauern, Rohmilchkäse aus kleinen Betrieben: Hochwertige, lokale Zutaten bestimmen die hohe Qualität der Speisen. Das klingt gut, kostet aber auch nicht wenig. Essengehen in Dublin ist teuer, die Preise liegen über dem Niveau des restlichen Landes – und nach wie vor gehört Dublin zu den teuersten Städten Europas.

Erfahrene Dublin-Besucher kennen es, für andere ist es eine Überraschung: Selbst im teuren Restaurant speist man in Dublin (wie in ganz Irland) an recht kleinen Tischen, die gerade Platz für zwei Personen bieten.

Die angegebenen Preise im Reiseführer gelten für ein Drei-Gänge-Menü ohne Getränke:

€	unter 30 Euro
€€	30 bis 50 Euro
€€€	über 50 Euro

Restaurants

Viele beliebte Restaurants liegen in Temple Bar und dem belebten Viertel zwischen Dawson Street und South Great George's Street. Einige gute Adressen sind aber auch in weniger bekannten Gassen bzw. Dubliner Vororten zu finden. Ob polnisch oder koreanisch, mediterran oder mexikanisch: Die Vielfalt der ethnischen Restaurants war nie größer in Dublin als heute. Sushi- und Thai-Restaurants kommen bei der jungen Bevölkerung gut an. Mit diesem Reichtum an internationalen Küchen weht ein neuer Wind, durch den auch irische Küchenchefs verstärkt mit neuen Zutaten und Zubereitungsarten experimentieren.

Nach wie vor aber geschätzt von den Dublinern und ihren Besuchern ist die irische Traditionsküche. So werden neben Irish Stew und Bangers & Mash alte Rezepte neu interpretiert, sie sind leicht und zeitgemäß.

Pubs

Dublins Pubs sind und bleiben bewährte Adressen, wenn Sie irische Hausmannskost zu vernünftigen Preisen genießen wollen. Hier serviert man Ihnen meist einen ausgezeichneten Lunch und bis in den frühen Abend hinein kleine Gerichte. Besucher lieben die besondere Atmosphäre, in der man sich zum Essen ein Guinness oder eines der anderen hervorragenden irischen Biere schmecken lässt. Natürlich können Sie hier auch einen Kaffee trinken, besonders köstlich als Irish Coffee – mit einem Schuss Whiskey und einer Sahnehaube serviert.

Mit dem Wirtschaftsboom etablierten sich jede Menge schicker Bars im Lounge-Stil und neue, trendige Pubs. Doch trotz des Wandels, der auch vor alten Pubs nicht haltmacht, bleibt eine Konstante: Für die Dubliner ist ihr Pub oft Mittelpunkt des sozialen Lebens, sozusagen ihr erweitertes Wohnzimmer. Kein Wunder, dass es fast 800 Pubs in der Stadt geben soll.

Öffnungszeiten: Die Pubs dürfen ab 2023 täglich zwischen 10.30 und 0.30 Uhr öffnen, Late Night Bars bis 2.30 Uhr ausschenken, und einige Nachtclubs sogar bis 5 Uhr früh.

Cafés

Neben den allgegenwärtigen Starbucks und Costa haben sich heimische Anbieter wie Insomnia und The Bald Barista einen Namen gemacht. Beliebt sind zudem durch und durch irische Butler's Chocolate Café und das Avoca. In Museen, z. B. in der Dublin City Gallery oder der Chester Beatty Library, sind die Cafés oft sehr attraktiv.

Trinkgeld

Im Pub wird kein Trinkgeld erwartet, im Restaurant etwa 10 % (außer, es wird schon eine »Service Charge« auf der Rechnung ausgewiesen).

EINKAUFEN

Der Einfallsreichtum einheimischer Designer, die den traditionellen Materialien Holz, Silber, Leinen und Wolle neue Formen verleihen, ist enorm. Auch locken in Dublin

jede Menge kleine Läden, die noch immer in Familienbesitz sind, sodass die Stadt ideal für individuelle Entdeckungen ist.

Was **Mode** betrifft: Neben den bekannten internationalen Labels prägen heute vorwiegend junge irische Designer die Modeszene. Auf die folgenden Namen könnten Sie achten: Lainey Keogh (Strick), Louise Kennedy (Anzüge), Philip Treacy (Hüte), Vivienne Walsh (Schmuck), Orla Kiely und Pauric Sweeney (Handtaschen) und Quinn & Donnelly (Damenmode).

Autofreie Straßen gibt es immer mehr. Während die prächtige **Grafton Street** (Südstadt, S. 102) mit feinen Boutiquen wirbt, locken eher preisgünstige Warenhäuser in die **Henry Street** (Nordstadt, s. auch S. 140). In den Nebenstraßen um die Grafton Street finden sich hippe Boutiquen, altertümliche Geschäfte und unkonventionelle Läden – Shoppingvergnügen für fast jeden Geschmack. Das Viertel **Temple Bar,** beliebt bei jungen Besuchern, ist bei der Suche nach szeniger Großstadtmode richtig.

Die Auswahl an **Schmuck** mit keltischem Design, Keramik und traditionellen Musikinstrumenten ist groß, auch Kulinarisches frischt daheim die Erinnerungen auf.

Seit dem 18. Jh. wird in Irland geschliffenes **Bleikristallglas** hergestellt, das weltweit einen hervorragenden Ruf genießt. Die bekannteste Marke ist Waterford, das in Warenhäusern und Souvenirläden in ganz Dublin verkauft wird. Weitere Traditionsanbieter mit modernem Schlag sind Newbridge Silverware (u. a. Schmuck) und Belleek (Porzellan).

Antiquitäten, Kunst und Bücher

Noch immer kann man in Dublin gut Antiquitäten kaufen. Besonders für irische Möbel aus georgianischer Zeit und Silber (achten Sie auf die Harfen-Punzierung!) sowie für irische Kunst des frühen 20. Jh.s hat die Stadt einen guten Ruf. Hotspot für Antiquitätenläden ist die **Francis Street**.

Als »Literaturstadt« kann Dublin dagegen oft enttäuschen. Buchhandlungen gibt es immer weniger, der Mainstream internationaler Bestseller überspült fast alles.

In den Läden an der **Nassau Street** sind qualitativ hochwertige (kunst-)handwerkliche Produkte aus ganz Irland zu haben: zeitlose Kleidung aus Tweed, Wolle, Leinen und Spitze, handgefertigter Schmuck, funktionelle und künstlerische Keramik sowie tolle Schmiedearbeit.

AUSGEHEN

Einige Besucher reisen nach Dublin, nur um übers Wochenende zu feiern – und werden nicht enttäuscht: Tanzen, Clubs und Pubs zu besuchen und auszugehen gehört hier zum Lebensstil. Je nachdem, was Sie bevorzugen – traditionsreiche Pubs, eine Designerbar oder eine raue Mottokneipe, einen Theaterbesuch oder die Stand-up-Comedy, traditionellen Folk oder Jazz, Klassik oder Rock: In Dublin kann jeder nach seinem (musikalischen) Geschmack glücklich werden.

Pubs

Für viele Dubliner ist ihr Pub (und dabei muss man sich aus dieser großen Anzahl erst mal einen aussuchen) der Dreh- und Angelpunkt des sozialen Lebens. Hier wird gequatscht, hier hat man *craic,* irisch für »Spaß«, hier entsteht die Atmosphäre, die so typisch ist für Dublin und seine Bewohner. In vielen Pubs, z. B. Brazen Head (S. 75), O'Donoghue's (S. 112), The Cobblestone (S. 143) oder auch der Knightsbridge Bar (S. 143) hört man traditionelle Livemusik.

Musikszene

Tatsächlich spielen Musik und Gesang, klassisch, traditionell oder modern, bei allen gesellschaftlichen Events eine große Rolle. Meistens dauert es nicht lange, bis sich die Ersten auf die Tanzfläche wagen. Die vielen Veranstaltungsorte für Konzerte ermöglichen einen Einblick in die breit gefächerten Genres der Musikszene. Über die Jahre konnten Irish-Folk-Bands wie The Dubliners oder Vertreter der Rock- und Popwelt wie U2, Chris de Burgh, Boyzone und The Corrs ihre internationalen Fans begeistern.

Einer der lebendigsten Orte des Dubliner Nachtlebens ist Temple Bar. Das dynamische

Restaurant- und Kneipenviertel zieht ein junges, internationales Publikum an.

Theater, Tanz, Konzerte und Kino

Die Auswahl an Tanz- und Theateraufführungen oder Klassik- und Jazzkonzerten ist enorm: vom Weltklasseballett in der National Concert Hall und Riverdance im Gaiety bis hin zu Straßenmusikern auf der Grafton Street und rund um Temple Bar.

Dublins **Theaterszene** ist traditionsreich und anspruchsvoll, geprägt von Dutzenden etablierter Kompanien und kleinen Independent-Gruppen, die in namhaften Häusern der Stadt wie dem Abbey Theatre, dem neuen Bord Gáis Energy Theatre und im Gate auftreten.

Die beiden populären **Tanzkompanien** CoisCéim Dance Theatre und Irish Modern Dance Theatre sind in Dublin ansässig. Infos über: www.coisceim.com und www.irishmoderndancetheatre.com.

Das Ensemble **Irish National Opera** (www.irishnationalopera.ie) tritt regelmäßig an verschiedenen Veranstaltungsorten auf.

Comedy und Kabarett sind sehr angesagt, Auftritte können Sie in vielen Pubs der Stadt erleben, bei Interesse erkundigen Sie sich vor Ort, oft liegen Flyer aus.

Infos zu Veranstaltungen

In den meisten Tageszeitungen gibt es eine Veranstaltungsrubrik mit Tipps zu Theater, Kino, Musik, Sportevents und Festivals. Auch die Website der **Irish Times** (www.irishtimes.com) ist eine gute Quelle.

Den kostenlosen **Event Guide** erhalten Sie vorwiegend in Pubs, Cafés und Restaurants: Er hat Infos zum Dubliner Nachtleben und eine Auflistung von Events in ganz Irland (www.dublineventguide.ie). Eine weitere gute Informationsquelle sind die Webseiten von Eventbrite (www.eventbrite.ie).

Veranstaltungskalender

Januar

New Year's Day: Zum mitternächtlichen Glockenschlag steigt die Party.

Temple Bar TradFest: Musikfestival mit Schwerpunkt »Folklore« im Amüsierviertel, zum Kommerz tendierend; Ende Januar (www.tradfesttemplebar.com).

Februar

Six Nations Rugby Cup: verschiedene Samstage Feb.–März. Eines der wichtigsten gesellschaftlichen Events – alle unterstützen »die Jungs in Grün«.

Dublin International Film Festival: Beim renommierten Festival kommen alte Filmperlen und Klassiker in die Kinos der Stadt. (www.diff.ie).

März

St Patrick's Day: 17. März. Perfekt, um Dublin voll zu genießen (www.stpatricksfestival.ie). Höhepunkt ist die gegen Mittag startende Parade, die sich quer durch die Stadt zieht.

Colours Boat Races: Die Ruderregatta zwischen Trinity College und UCD (University College Dublin) auf der Liffey an einem Wochenende Mitte März, mit studentischem Trubel (www.coloursboatraces.ie).

Mai

International Dublin Gay Theatre Festival: Das Festival bestimmt die erste Maihälfte mit unzähligen Lesungen, Theater und Comedy-Veranstaltungen (www.gaytheatre.ie).

Juni/Juli

Bloomsday: 16. Juni. Ein skurriles Event zu Ehren des Romans »Ulysses« – an dem Tag, an dem der Roman spielt (www.jamesjoyce.ie).

Sommerfestivals: Im Juni starten die Open-Air-Feste, in der Stadtmitte wie in den Vororten. Infos: Visit Dublin (S. 170).

August

Dublin Horse Show: Anfang August. Auf dem Gelände der Royal Dublin Society in Ballsbridge ist die Pferdeshow eines der wichtigsten Sport- und Society-Events in Irland, ein Magnet für Pferdenarren aus aller Welt (www.dublinhorseshow.com).

Gaelic Games: Zu den spätsommerlichen Finalspielen im Hurling, Football und Camogie strömen die Massen ins Croke Park Stadium (S. 136).

Oktober
Dublin Theatre Festival: erste zwei Wochen (www.dublintheatrefestival.ie).
Dublin Marathon: letztes Wochenende, Start/Ziel am Merrion Square.
Samhain: Halloween, 31. Okt. Das Event ist eines der wenigen ursprünglich keltischen Feste Dublins. Es wird mit einer spektakulären Parade am Abend gefeiert.

November
»The Moving Crib«: Ab Ende des Monats erfreut eine Weihnachtskrippe mit 1 m hohen, sich bewegenden Figuren Familien mit Kindern ins Haus der St.-Martin-Apostol (Parnell Square West; www.stmartin.ie).

Dezember
Weihnachtsgala: In der National Concert Hall, Weihnachtslieder und andere Musik (www.nch.ie).

SPRACHFÜHRER

Die offizielle Landessprache der Republik Irland ist Irisch (Gaelige). Es gehört zur keltischen Sprachfamilie, deren Varianten auch in Schottland, Wales und der französischen Bretagne verbreitet sind. Bis zur Zeit der Großen Hungersnot (1845–1852) herrschte in Irland das Irische vor, in Dublin sprechen heutzutage zwar nur noch wenige Irisch, viele können es aber verstehen. Im Allgemeinen wird die zweite Amtssprache Englisch gesprochen.

Im letzten Jahrzehnt hat das Irische eine Renaissance erlebt: Man kann es als Studienfach am Trinity College und anderen Unis des Landes wählen, in der Schule ist es Pflichtfach inklusive Prüfung.

ja/nein	**sea/ní hea**
Hallo! Guten Tag!	**Dia dhuit!**
Auf Wiedersehen!	**Slán agat!/Slán leat!**
bitte	**Le do thoil**
danke	**Go raibh maith agat**
heute/morgen	**Inniu/Amárach**
Ich heiße ...	**... is ainm dom**
Wie viel kostet das?	**An mó atá air?**
Wo ist ...?	**Cá bfhuil ...?**
Hotel	**óstan**
Restaurant	**bialann**
Speisekarte	**biachlár**
Bier	**beoir**
Wein	**fíon**
Toiletten	**seomra folctha**
Eingang	**bealach isteach**
Ausgang	**éalú**
geöffnet/geschlossen	**oscailte/dúnta**
Montag	**dé luain**
Dienstag	**dé máirt**
Mittwoch	**dé céadaoin**
Donnerstag	**dé déardaoin**
Freitag	**dé haoine**
Samstag	**dé sathairn**
Sonntag	**dé domhnaigh**
1	**aon**
2	**dó**
3	**trí**
4	**ceathair**
5	**cúig**
6	**sé**
7	**seacht**
8	**ocht**
9	**naoi**
10	**deich**
20	**fiche**
30	**tríocha**
40	**daichead**
50	**caoga**
100	**céad**
1000	**míle**

Cityatlas

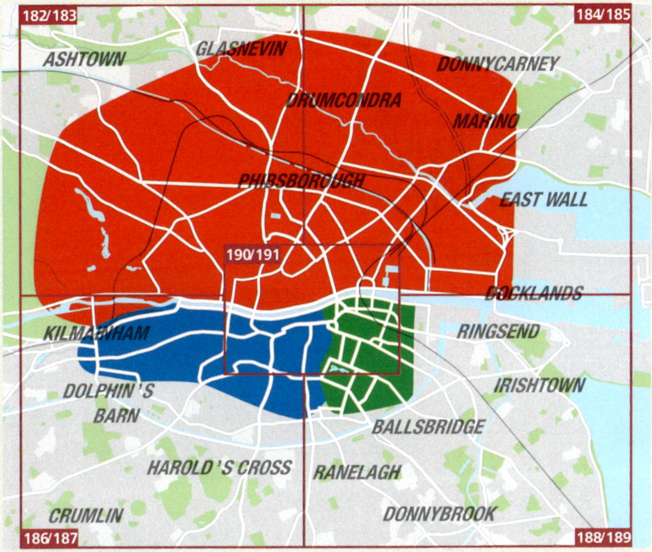

Legende

- Information
- Museum
- Theater, Oper
- LUAS, Trambahn
- Eisenbahn
- DART COMMUTER DART, Vorortbahn
- Denkmal, Monument
- Kirche; Synagoge
- Bibliothek
- Sehenswürdigkeit
- Leuchtturm
- Golfplatz
- Polizei; Post
- Krankenhaus
- Parkplatz
- Jachthafen
- Badeplatz
- Jugendherberge
- Zoo
- Bemerkenswertes Gebäude
- Öffentliches Gebäude
- Fußgängerzone
- Gewässer
- Grünfläche
- Wald
- 188/189 Verweis auf einen Detailplan im Cityplan
- 2 ★★ TOP 10
- 11 Nicht verpassen!
- 12 Nach Lust und Laune!

1 : 22 000

0 500 1000 m

0 500 1000 yd

A
B
C
5
4
3
2
Westwood Rd.
Woodbank Av.
Woodbank Dr.
Valley Park Rd.
Valley Park Dr.
Rathvilly
Virginia Dr.
Cardiffsbridge Road
Wellmount
Dunsink Pk.
Dunsink Dr.
Berryfield Rd.
St. Malachy's School
Clearwater Shopping Centre
Scribblestown House
Glenties Dr.
Glenties Pk.
St. Finian's School
Valeview
St. Helena's Dr.
St. Helena's Rd.
Hazelcroft
Kippure Pk.
Barnamore Pk.
Barnamore Gr.
Gortmore Rd.
Carrigallen Rd.
Cloonlara
Tolka River
Tolka River Valley Park
Tolka Valley Road
Cardiffsbridge
R102
River Road
Ratoath Road
Ashtown Station
Ballyboggan Road
Royal Canal
Lagan Rd.
Boyne Rd.
Nore Rd.
Moyle
ASHTOWN
Ashington Cl.
Ashington Rise
Ashington Pk.
Ashington Ct.
Glendhu Rd.
Glengarriff Rd.
Glenbrook Rd.
Kempton Pk.
Kempton Vw.
Kempton Way
Kempton Gr.
Heath La.
Ashtown Pk.
Ashtown Gr.
Kinvara Rd.
Kinvara Dr.
Kinvara Av.
Priory N.
Priory W.
Priory E.
Abbey Dr.
Dominican Convent
COMMUTER
Broombridge
Broombridge Station
Bannow Rd.
Carnlough Rd.
Nursing Home
St. Catherine's School
Ventry Pk.
Broombridge Rd.
Killala Rd.
St. Finbarrs School
St. Finbar's Rd.
Darling Est.
St. Vincent's Home
St. Mary's School
St. Sabina House
Kilkieran Rd.
Liscannor Rd.
Blackhorse Avenue
Navan Road
Aura de Paul Swimming Pool
Abbey Dr.
Church Wk.
Assisi House Nursing Home
Pope John Paul II Park
Fassaugh Road
Conor
Ratra Rd.
Our Lady Help of Christians
Clune Rd.
Sports Ground
Apostolic Nunciature
Nephin Road
Dingle
Dunmanus
Ashtown Castle
North Rd.
Park Gdns.
Villa
Villa Park Rd.
Villa Park Av.
St. Joseph's School
Inver Rd.
Drumcliffe Rd.
Civil Defence School
Croaghpatrick Rd.
Citizens Information Centre
Cabra Gate
Skreen Road
Swilly Rd.
The Wilderness
Slemish Rd.
Cabra
Chesterfield Av.
Dunard Av.
Cabra Library
The Phoenix Monument
Military Cemetery
Dunard Dr.
Dunard Rd.
8
Phoenix Park
Áras an Uachtaráin (Residence of the President of Ireland)
Zoological Gardens
Fish Pond
Glenbeigh Pk.
McKee Pk.
McKee Dr.
Glenbeigh Rd.
Acres Rd.
Papal Cross
Polo Rd.
Spa Rd.
Pavilion
Polo Ground
McKee Barracks
Garda Athletic Ground
Lord's Walk Carpark
Zoological Gardens
Marlborough
North Circ
Kyber Rd.
Zoo Rd.
Football Grounds
Football and Hurling Grounds
Whitebridge Hill
Citadel Pond
Cricket Ground
Fountain Rd.
People's Garden
Aberdeen St.
Infirmary Road
Army Athletic Ground
Cricket Ground
Thomas Hill
Wellington Monument
Chesterfield Av.
Criminal Courts of Justice
182
Acres Rd.
186
Hibernian Gate
Magazine Fort
Islandbridge Gate
Wellington Rd.
R109
Conyngham Road
Park Gate

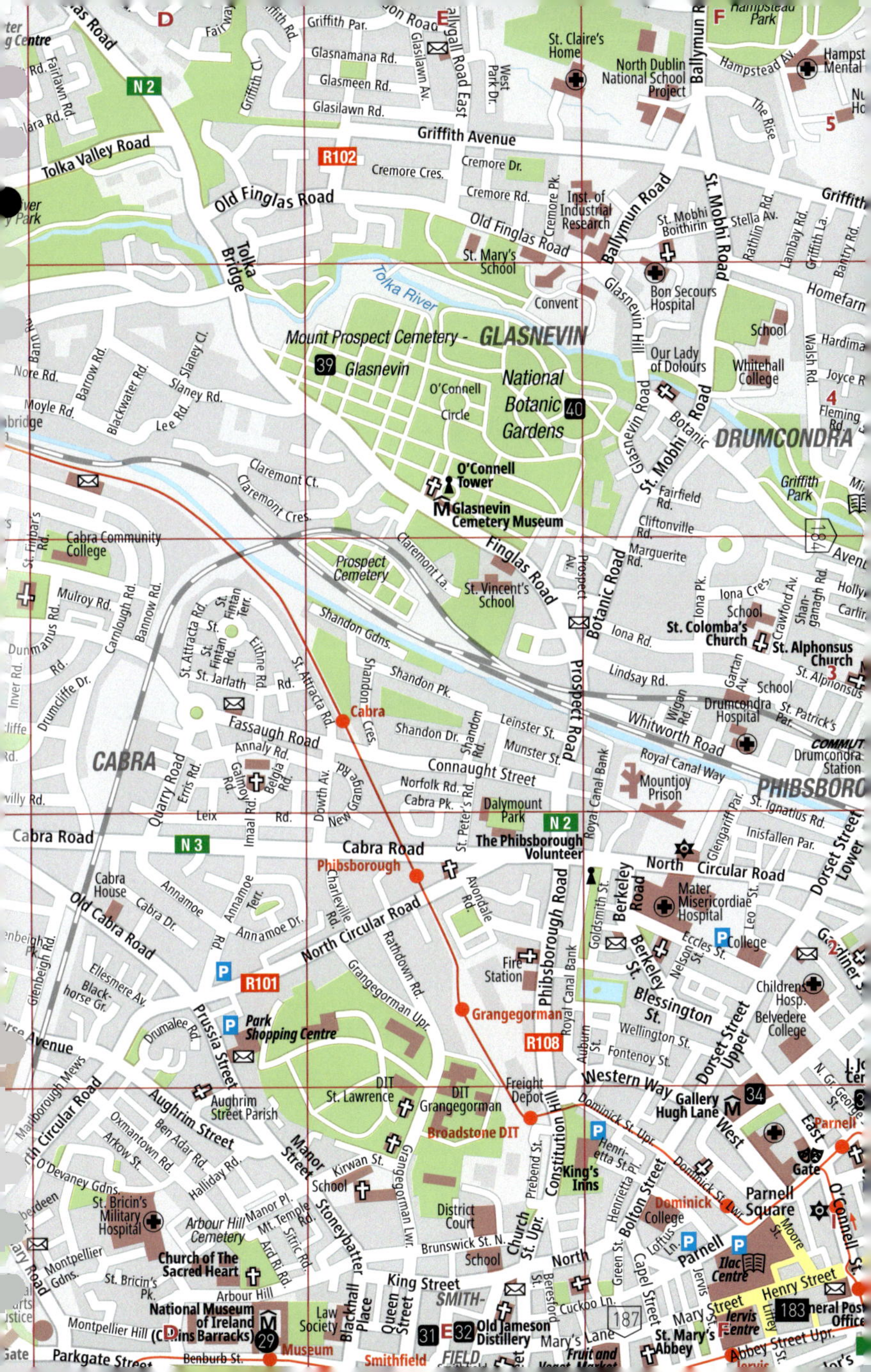

D
E
F
Griffith Par.
Glasnamana Rd.
Glasmeen Rd.
Glasilawn Rd.
Glasilawn Av.
Ballygall Road East
West Park Dr.
St. Claire's Home
North Dublin National School Project
Ballymun Rd.
Hampstead Park
Hampstead Av.
The Rise
N 2
Tolka Valley Road
Fairlawn Rd.
Griffith Cl.
Griffith Avenue
R102
Cremore Cres.
Cremore Dr.
Cremore Rd.
Cremore Pk.
Inst. of Industrial Research
Old Finglas Road
Ballymun Road
St. Mobhi Boithirin
St. Mobhi Road
Stella Av.
Rathlin Rd.
Lambay Rd.
Griffith La.
Bantry Rd.
Tolka Bridge
St. Mary's School
Tolka River
Convent
Glasnevin Hill
Bon Secours Hospital
Homefarm
School
Whitehall College
Hardiman
Walsh Rd.
Joyce Rd.
Our Lady of Dolours
Mount Prospect Cemetery - GLASNEVIN
39 Glasnevin
O'Connell Circle
National Botanic Gardens 40
Glasnevin Road
Botanic Road
DRUMCONDRA
Fleming Rd.
Nore Rd.
Barrow Rd.
Blackwater Rd.
Slaney Cl.
Slaney Rd.
Lee Rd.
Moyle Rd.
Claremont Ct.
Claremont Cres.
O'Connell Tower
Glasnevin Cemetery Museum
Fairfield Rd.
Cliftonville Rd.
Griffith Park
184
Marguerite Rd.
Cabra Community College
St. Finbar's Rd.
Prospect Cemetery
Claremont La.
Finglas Road
St. Vincent's School
Prospect Av.
Iona Pk.
Iona Cres.
Iona Rd.
Crawford Av.
Shanganagh Rd.
School
St. Columba's Church
St. Alphonsus Church
St. Alphonsus
Mulroy Rd.
Carnlough Rd.
Bannow Rd.
St. Attracta Rd.
St. Fintan Terr.
St. Fintan Rd.
Eithne Rd.
Shandon Gdns.
Shandon Cres.
Shandon Pk.
Dunmanus Rd.
Drumcliffe Dr.
Inver Rd.
St. Jarlath Rd.
Fassaugh Road
Cabra
Lindsay Rd.
Garton Av.
Wigan Rd.
Drumcondra Hospital
St. Patrick's Par.
Whitworth Road
COMMUTER Drumcondra Station
Prospect Road
Leinster St.
Munster St.
Shandon Dr.
Shandon Rd.
Royal Canal Way
Mountjoy Prison
Royal Canal Bank
PHIBSBORO
CABRA
Annaly Rd.
Galmoy Rd.
Belgia Rd.
Quarry Road
Erris Rd.
Dowth Av.
New Grange Rd.
Connaught Street
Norfolk Rd.
Cabra Pk.
St. Peter's Rd.
Dalymount Park
N 2
Glengariff Par.
St. Ignatius Rd.
Inisfallen Par.
Dorset Street Lower
Cabra Road
N 3
Leix Rd.
Imaal Rd.
Cabra Road
Phibsborough
The Phibsborough Volunteer
North Circular Road
Cabra House
Annamoe
Cabra Dr.
Old Cabra Road
Annamoe Terr.
Annamoe Dr.
Charleville Rd.
Avondale Rd.
North Circular Road
Phibsborough Road
Goldsmith St.
Berkeley Road
Mater Misericordiae Hospital
Leo St.
College
Eccles St.
Nelson St.
Berkeley St.
Gardiner St.
Glenbeigh Rd.
Ellesmere Av.
Blackhorse Gr.
R101
Rathdown Rd.
Grangegorman Upr.
Fire Station
Royal Canal Bank
Blessington St.
Children's Hosp.
Belvedere College
Avenue
Drumalee Rd.
Prussia Street
Park Shopping Centre
Grangegorman
R108
Wellington St.
Fontenoy St.
Auburn St.
Dorset Street Upper
Marlborough Mews
North Circular Road
Aughrim Street Parish
Aughrim Street
DIT St. Lawrence
DIT Grangegorman
Broadstone DIT
Freight Depot
Constitution Hill
Western Way
Dominick St. Upr.
Gallery Hugh Lane 34
West
East
Parnell
Oxmantown Rd.
Arkow St.
Ben Adar Rd.
Halliday Rd.
Manor Street
Kirwan St.
School
Grangegorman Lwr.
Prebend St.
King's Inns
Henrietta St.
Henrietta Pl.
Bolton Street
Dominick St. Lwr.
Gate
Parnell Square
O'Connell St.
O'Devaney Gdns.
St. Bricin's Military Hospital
Aberdeen
Arbour Hill Cemetery
Manor Pl.
Mt. Temple Rd.
Sitric Rd.
Stoneybatter
District Court
Dominick
College
Moore St.
Montpellier Gdns.
Church of The Sacred Heart
St. Bricin's Pk.
Ard Ri Rd.
Arbour Hill
Brunswick St. N.
School
Church St. Upr.
North
Green St.
Capel Street
Loftus Ln.
Parnell
Jervis
Ilac Centre
Henry Street
National Museum of Ireland (Collins Barracks)
Law Society
Blackhall Place
Queen Street
King Street
SMITHFIELD
Beresford St.
Cuckoo Ln.
187
Mary Street
Jervis Centre
Liffey St.
183
General Post Office
Montpellier Hill
29 Museum
31 E 32
Old Jameson Distillery
Mary's Lane
St. Mary's Abbey
Abbey Street Upr.
Parkgate Street
Benburb St.
Smithfield
Fruit and Vegetable Market
Jervis

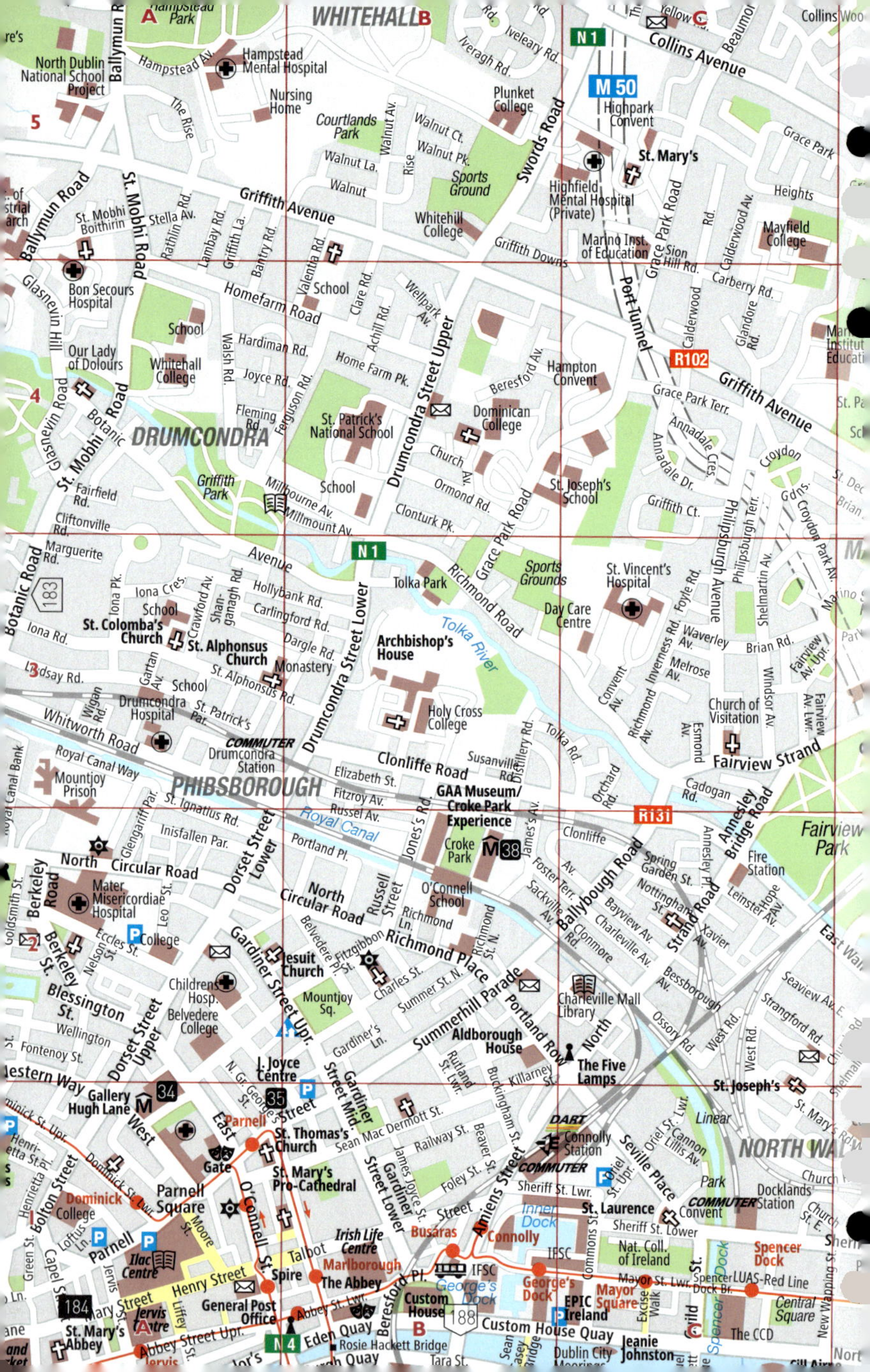

A
B
C
WHITEHALL
Hampstead Park
Collins Avenue
N 1
M 50
North Dublin National School Project
Hampstead Av.
Hampstead Mental Hospital
Nursing Home
Iveleary Rd.
Iveragh Rd.
Plunket College
Highpark Convent
Beaumont
Grace Park
5
The Rise
Courtlands Park
Walnut Av.
Walnut Ct.
Walnut Pk.
Walnut La.
Walnut
Rise
Sports Ground
Swords Road
St. Mary's
Highfield Mental Hospital (Private)
Heights
Ballymun Road
St. Mobhi Boithirin
Stella Av.
Rathlin Rd.
Lambay Rd.
Griffith La.
Bantry Rd.
Griffith Avenue
Valentia Rd.
Whitehill College
Griffith Downs
Marino Inst. of Education
Grace Park Road
Sion Hill Rd.
Calderwood Av.
Mayfield College
St. Mobhi Road
Bon Secours Hospital
Glasnevin Hill
Homefarm Road
School
Clare Rd.
Wellpark Av.
Carberry Rd.
Port Tunnel
Calderwood
Glandore Rd.
Our Lady of Dolours
Whitehall College
Walsh Rd.
Hardiman Rd.
Achill Rd.
Home Farm Pk.
Drumcondra Street Upper
Beresford Av.
Hampton Convent
R102
Griffith Avenue
4
Glasnevin Road
Botanic Road
Joyce Rd.
Ferguson Rd.
Fleming Rd.
St. Patrick's National School
Dominican College
Grace Park Terr.
Annadale Cres.
Annadale Dr.
Croydon
DRUMCONDRA
Church Av.
Ormond Rd.
St. Joseph's School
Griffith Ct.
Fairfield Rd.
Griffith Park
Millbourne Av.
Millmount Av.
School
Clonturk Pk.
Cliftonville Rd.
Marguerite Rd.
Avenue
N 1
Tolka Park
Richmond Road
Sports Grounds
St. Vincent's Hospital
Philipsburgh Avenue
Philipsburgh Terr.
Shelmartin Av.
Croydon Park Av.
Botanic Road
183
Iona Pk.
Iona Cres.
Crawford Av.
Shanganagh Rd.
Hollybank Rd.
Carlingford Rd.
Tolka River
Day Care Centre
Foyle Rd.
Waverley Av.
Brian Rd.
Fairview Av. Upr.
Iona Rd.
School
St. Colomba's Church
St. Alphonsus Church
Dargle Rd.
Monastery
Archbishop's House
Inverness Rd.
Melrose Av.
3
Lindsay Rd.
Gartan Av.
School
St. Alphonsus Rd.
Drumcondra Street Lower
Convent Av.
Richmond Av.
Esmond Av.
Windsor Av.
Fairview Av. Lwr.
Wigan Rd.
Drumcondra Hospital
St. Patrick's Par.
Holy Cross College
Church of Visitation
Whitworth Road
COMMUTER
Drumcondra Station
Tolka Rd.
Distillery Rd.
Susanville Rd.
Orchard Rd.
Fairview Strand
Royal Canal Bank
Royal Canal Way
Mountjoy Prison
PHIBSBOROUGH
Clonliffe Road
Elizabeth St.
Fitzroy Av.
Russel Av.
GAA Museum/ Croke Park Experience
Cadogan Rd.
R131
Annesley Bridge Road
Fairview Park
Glengarriff Par.
St. Ignatius Rd.
Inisfallen Par.
Royal Canal
Portland Pl.
Jones's Rd.
Croke Park
38
James's Av.
Clonliffe Av.
Spring Garden St.
Annesley Pl.
Fire Station
North Circular Road
Dorset Street Lower
North Circular Road
Russell Street
O'Connell School
Foster Terr.
Ballybough Road
Nottingham St.
Strand Road
Leinster Av.
Hope Av.
Goldsmith St.
Berkeley Road
Mater Misericordiae Hospital
Leo St.
Richmond Ln.
Sackville Av.
Clonmore Rd.
Bayview Av.
Charleville Av.
Xavier Av.
East Wall
2
Berkeley St.
Nelson St.
Eccles St.
College
Gardiner Street Upr.
Jesuit Church
Belvedere Pl.
Fitzgibbon St.
Richmond Place
Richmond St. N.
Blessington St.
Children's Hosp.
Belvedere College
Mountjoy Sq.
Charles St.
Summer St. N.
Summerhill Parade
Portland Row
Charleville Mall Library
Bessborough Av.
Seaview Av. E.
Strangford Rd.
Wellington St.
Fontenoy St.
Dorset Street Upper
Gardiner's Ln.
Aldborough House
North
The Five Lamps
Ossory Rd.
West Rd.
West Rd.
Western Way
Gallery Hugh Lane
34
N. Gt. George's St.
J. Joyce Centre
35
Street
Gardiner Street Mid.
Rutland St. Lwr.
Buckingham St.
Killarney St.
St. Joseph's
St. Mary's Rd.
Dominick St. Upr.
Henrietta St.
Parnell
East
West
St. Thomas's Church
Sean Mac Dermott St.
Railway St.
Beaver St.
DART
Connolly Station
Linear
Oriel St. Lwr.
Cannon Lillis Av.
NORTH WALL
Bolton Street
Dominick St. Lwr.
Gate
St. Mary's Pro-Cathedral
James Joyce St.
Gardiner Street Lower
Foley St.
Amiens Street
COMMUTER
Oriel St. Upr.
Seville Place
Park
Docklands Station
Church St. E.
Henrietta St.
Dominick College
Parnell Square
Moore St.
O'Connell St.
Sheriff St. Lwr.
Inner Dock
St. Laurence Convent
COMMUTER
Sheriff St. Lower
Capel St.
Loftus Ln.
Parnell
Ilac Centre
Jervis
Irish Life Centre
Busáras
Connolly
Commons St.
Nat. Coll. of Ireland
Spencer Dock
Talbot
Marlborough
IFSC
IFSC
Mayor St. Lwr.
Spencer Dock Br.
LUAS-Red Line
Spire
The Abbey
Beresford Pl.
George's Dock
George's Dock
Mayor Square
Central Square
184
Mary Street
Henry Street
General Post Office
Abbey St. Lwr.
Custom House
EPIC Ireland
Excise Walk
Guild St.
Spencer Dock
The CCD
New Wapping St.
Jervis Centre
Liffey St.
Abbey Street Upr.
188
Custom House Quay
St. Mary's Abbey
N 4
Eden Quay
Rosie Hackett Bridge
Sean O'Casey Bridge
Dublin City Moorings
Jeanie Johnston
Tara St.

Collins Wood
D
E
F
Elm Mount Rd.
Elm Mount Vw.
White Rise
Rockfield Park
St. David's School
St. David's Park
Pinebrook Av.
Pinebrook Rd.
Malahide Road
Daneli Rd.
St. Brigid's Rd.
Our Lady of Mercy
Brookwood Gr.
Brookwood Rd.
Brookwood Ave.
St. Brigid's Gr.
School
St. Mary's Holy Faith Killester
5
Celtic Park Rd.
Celtic Park Av.
R103
Collins Pk.
Elm Mount Av.
Thorndale Av.
Thorndale Dr.
Elm Mount Rd.
Mayfield Park
Killester Av.
Craigford Av.
Abbey Ct.
Craigford Dr.
Abbey Pk.
Abbeyfield
Brookwood Pk.
Grace Park Estate
Collins Avenue
Belton Park Av.
Belton Park Rd.
Belton Park Gdns.
R107
Clanree Rd.
Clandonagh Rd.
Clanmaurice Rd.
Killester Pk.
KILLESTER
St. Brigid's
DONNYCARNEY
Hazel Rd.
Holly Rd.
Elm Rd.
Oak Rd.
Our Lady of Consolation
Clanranald Rd.
Clanhugh Rd.
Killester Av.
Middle Third
Donnycarney Rd.
Collins Avenue East
Schools
Clanawley Rd.
Kilbride Rd.
Killester Station
Marino Institute of Education
St. Vincent's Sports Ground
Malahide Road
Clancarthy Rd.
Parnell Park
DART
Howth Road
Furry Park Rd.
Casino of Marino
Club House
Demesne
St. Patrick's Hall
41
Nazareth House
Clontarf Golf Course
4
Dunluce Rd.
School
St. Vincent de Paul
Dublin Fire Brigade Training Centre
Killester College of Further Education
Vernon Av.
Vernon Retreat
Schools
Mount Temple School
Dunseverick Rd.
St. Declan's Rd.
Brian Av.
Howth Road
Castle Gr.
Castle Avenue
Orthopaedic Hospital of Ireland
MARINO
Copeland Av.
Copeland Gr.
Castle Ct.
Sports Ground
Blackheath Dr.
Brian Rd.
Kincora Gr.
Marino St. Aidan's Park
Malahide Road
Charlemont Rd.
Howth Road
R105
Hollybrook Pk.
Saint Lawrence Gr.
Saint Lawrence Rd.
The Stiles Rd.
Kincora Av.
Kincora Dr.
Blackheath Pk.
Park
Marino Park Av.
St. Aidan's Park Rd.
Clontarf&Scots Presb. Church
Standville Av. E.
Hollybrook Gr.
Hollybrook Rd.
Kincora Gr.
Clontarf Castle
3
Marino Park
Seafield Rd. West
Fairview
Clontarf Road
Garda Barracks
Hall
Health Clinic
Kincora Av.
Belgrove School
Bram Stokers CASTLE DRACULA
DART
Clontarf Road Station
Victoria Rd.
Kincora Rd.
Sandon Co.
Castle Rd.
Seaview Av. N.
Haddon Rd.
Castle Avenue
Sports Ground
Oulton Rd.
Kincora Pk.
Port Tunnel
Tudor House
Belgrove Rd.
Fairview Park
Alfie Byrne Road
Danesfort
Clontarf Road
Clontarf Baths
Eastpoint Causeway
East Point
East Wall Road
Business Park
Boundary Rd.
2
Eastpoint St.
Eastpoint Dr.
EAST WALL
Dublin Port Tunnel Toll
Church Rd.
Shelmalier Rd.
Ravensdale Rd.
Forth Rd.
Bargy Rd.
Bond Rd.
Bond Dr. Extension
Dublin Port
Promenade Rd.
Promenade Rd.
Cummunity Centre
Merchant's Rd.
M 50
DOCKLANDS
Bond Dr.
Branch Rd. N. Extension
WALL
East Rd.
Tolka Quay Rd.
Tolka Quay Rd.
1 Branch Rd. N.
2 Branch Rd. N.
37
Alexandra Rd.
Alexandra Rd.
Liffey Dockyard
1 Branch Rd. S.
2 Branch Rd. S.
3 Branch Rd. S.
4 Branch Rd. S.
Breakwater Rd. S.
Sheriff Street Upper
R101
Point Village
Castleforbes Rd.
Wall Road
North Dublin Docklands
Alexandra Quay
New Wapping St.
Mayor St. Upr.
The Point
3Arena
Timber Quay
189
185
Dublin Port Ferryport Terminal
Eastern Breakwater
East
Alexandra Basin
North Wall Quay

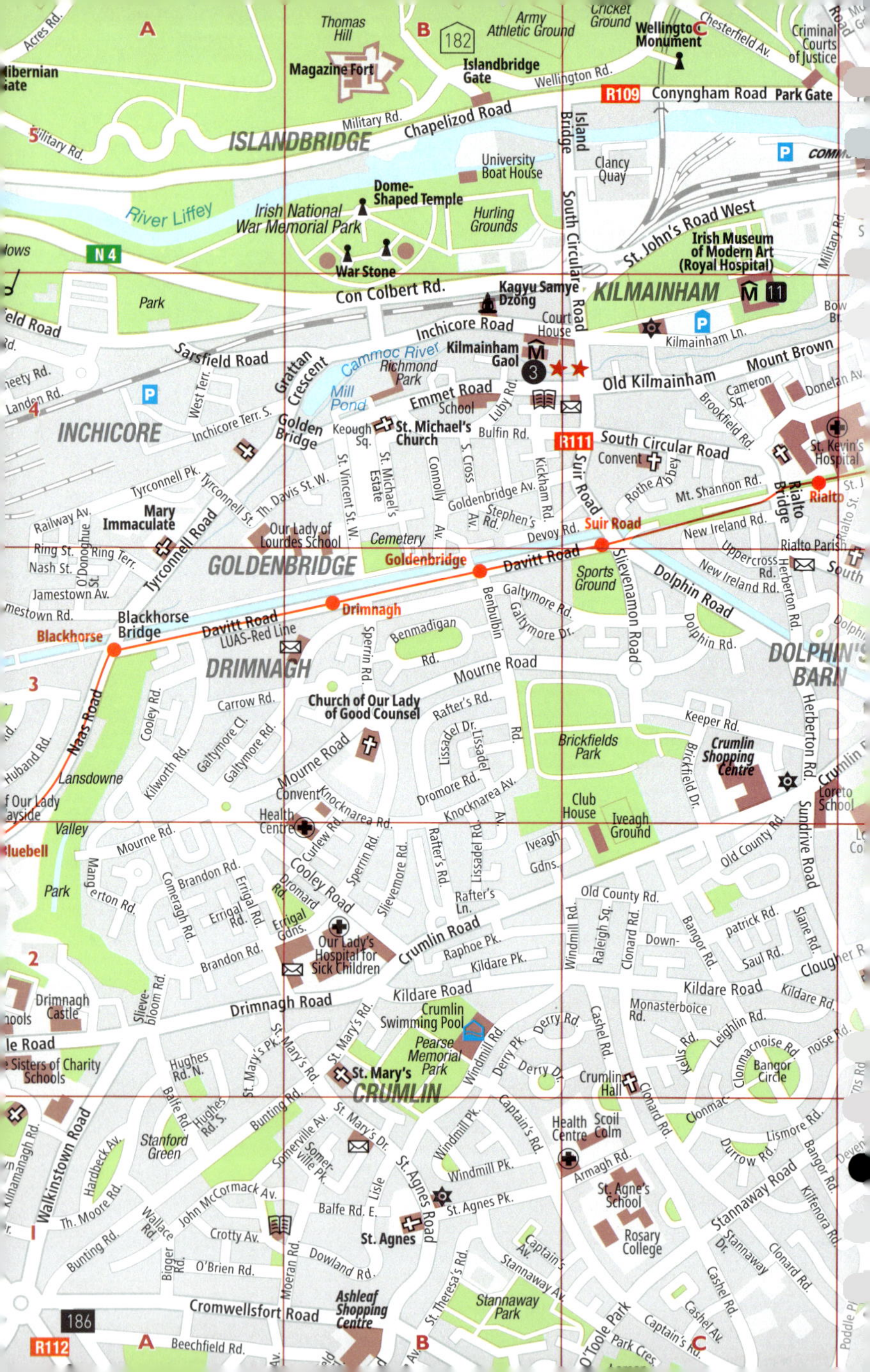

A
B
C
182
Acres Rd.
Hibernian Gate
Thomas Hill
Magazine Fort
Army Athletic Ground
Cricket Ground
Wellington Monument
Chesterfield Av.
Criminal Courts of Justice
Islandbridge Gate
Wellington Rd.
R109
Conyngham Road
Park Gate
5
Military Rd.
Chapelizod Road
ISLANDBRIDGE
Island Bridge
Clancy Quay
University Boat House
P
River Liffey
Irish National War Memorial Park
Dome-Shaped Temple
Hurling Grounds
South Circular Road
St. John's Road West
Irish Museum of Modern Art (Royal Hospital)
Military Rd.
N 4
War Stone
Park
Con Colbert Rd.
Kagyu Samye Dzong
KILMAINHAM
11
Court House
Bow Br.
Inchicore Road
Kilmainham Ln.
Sarsfield Road
Cammoc River
Kilmainham Gaol
3
Richmond Park
Grattan Crescent
Mount Brown
Old Kilmainham
Cameron Sq.
Donelan Av.
Mill Pond
Emmet Road
School
Luby Rd.
Brookfield Rd.
Landen Rd.
4
West Terr.
INCHICORE
Inchicore Terr. S.
Golden Bridge
Keough Sq.
St. Michael's Church
Bulfin Rd.
R111
South Circular Road
Convent
St. Kevin's Hospital
Tyrconnell Pk.
Tyrconnell St.
Th. Davis St. W.
St. Vincent St. W.
St. Michael's Estate
Connolly Av.
S. Cross Av.
Goldenbridge Av.
Kickham Rd.
Suir Road
Rothe Abbey
Mt. Shannon Rd.
Rialto Bridge
Rialto
Railway Av.
Mary Immaculate
Tyrconnell Road
Our Lady of Lourdes School
Cemetery
Stephen's Rd.
Devoy Rd.
Suir Road
New Ireland Rd.
Ring St.
Ring Terr.
Nash St.
O'Donoghue St.
GOLDENBRIDGE
Goldenbridge
Davitt Road
Sports Ground
Slievenamon Road
Uppercross Rd.
Rialto Parish
New Ireland Rd.
South
Jamestown Av.
Jamestown Rd.
Benbulbin
Galtymore Rd.
Galtymore Dr.
Dolphin Road
Herberton Rd.
Blackhorse Bridge
Blackhorse
Davitt Road
LUAS-Red Line
Drimnagh
Benmadigan Rd.
Sperrin Rd.
Dolphin Rd.
DRIMNAGH
Mourne Road
DOLPHIN'S BARN
3
Carrow Rd.
Church of Our Lady of Good Counsel
Rafter's Rd.
Keeper Rd.
Naas Road
Cooley Rd.
Galtymore Cl.
Galtymore Rd.
Lissadel Dr.
Lissadel Rd.
Brickfields Park
Brickfield Dr.
Crumlin Shopping Centre
Herberton Rd.
Huband Rd.
Kilworth Rd.
Mourne Road
Lansdowne
Dromore Rd.
Knocknarea Av.
Crumlin
Convent
Knocknarea Rd.
Club House
Iveagh Ground
Loreto School
Our Lady of the Wayside
Valley
Health Centre
Curlew Rd.
Sundrive Road
Old County Rd.
Bluebell
Mourne Rd.
Cooley Road
Sperrin Rd.
Slievemore Rd.
Rafter's Rd.
Lissadel Rd.
Iveagh Gdns.
Park
Mangerton Rd.
Brandon Rd.
Comeragh Rd.
Errigal Rd.
Dromard Rd.
Errigal Gdns.
Rafter's Ln.
Old County Rd.
Windmill Rd.
Raleigh Sq.
Clonard Rd.
Down-patrick Rd.
Bangor Rd.
Slane Rd.
2
Brandon Rd.
Our Lady's Hospital for Sick Children
Crumlin Road
Raphoe Pk.
Kildare Pk.
Saul Rd.
Clougher Rd.
Drimnagh Castle
Schools
Slievebloom Rd.
Drimnagh Road
Kildare Road
Crumlin Swimming Pool
Kildare Road
Kildare Rd.
Monasterboice Rd.
Leighlin Rd.
Castle Road
Sisters of Charity Schools
Hughes Rd. N.
St. Mary's Pk.
St. Mary's Rd.
Pearse Memorial Park
Windmill Rd.
Derry Pk.
Derry Rd.
Derry Dr.
Cashel Rd.
Kells Rd.
Clonmacnoise Rd.
Bangor Circle
St. Mary's
CRUMLIN
Crumlin Hall
Balfe Rd.
Hughes Rd. S.
Bunting Rd.
St. Mary's Dr.
Captain's Rd.
Windmill Pk.
Health Centre
Scoil Colm
Clonard Rd.
Clonmacnoise
Lismore Rd.
Kilmanagh Rd.
Walkinstown Road
Hardbeck Av.
Stanford Green
Somerville Av.
Somerville Pk.
St. Agnes Road
Windmill Pk.
Armagh Rd.
St. Agne's School
Durrow Rd.
Bangor Rd.
Th. Moore Rd.
Wallace Rd.
John McCormack Av.
Lisle Rd.
Balfe Rd. E.
St. Agnes Pk.
Stannaway Road
Kilfenora Rd.
1
Bunting Rd.
Crotty Av.
St. Agnes
Captain's Av.
Rosary College
Stannaway Dr.
Bigger Rd.
O'Brien Rd.
Moeran Rd.
Dowland Rd.
Stannaway Av.
Cashel Rd.
Clonard Rd.
St. Theresa's Rd.
Stannaway Park
Cashel Av.
186
Cromwellsfort Road
Ashleaf Shopping Centre
O'Toole Park
Park Cres.
Captain's Rd.
R112
A
Beechfield Rd.
B
C
Poddle Pk.

National Museum of Ireland (Collins Barracks)
Museum
Smithfield
Parkgate Street
Wolfe Tone Quay
Victoria Quay
Ellis Quay
Arran Quay
Usher's Island
Usher's Quay
Heuston Station
Heuston
St. James's Gate Brewery (Guinness)
Dr. Steeven's Hospital
St. Patrick's Hospital
The Obelisk
Steevens Lane
Old Jameson Distillery
Smithfield Plaza
St. Paul
Four Courts
Ormond Quay Upr.
Ormond Quay Lwr.
Mary's Lane
Fruit and Veget. Market
St. Mary's Abbey
Mary Street
Jervis Centre
Jervis
Henry Street
General Post Office
Abbey Street Upr.
Bachelor's Walk
Ha'penny Bridge
King Street
Queen Street
Blackhall Place
Church Street
Cuckoo Ln.
Law Society
Arbour Hill
Montpellier Hill
Benburb St.
Sacred Heart
St. Bricin's Pk.
St. Anthony's Theatre
Court House
Brazen Head
Bridgefoot St.
Nat'l College of Art & Design
High St.
St. Audoen's Church
Christ Church Cathedral
Essex Quay
Projects Art Centre
TEMPLE BAR
Bank of Ireland
Dame St.
Edward Street
City Hall
Dublin Castle
Andrews Lane
Dublinia
Lord Edward St.
St. Werburgh's
Chester Beatty Library & Gallery
Thomas Street W.
Thomas Court
Welfare Centre
Vicar St. Theatre
Tivoli
Francis Street
John Dillon St.
St. James's
James's Street
James's
Bow Ln. W.
Ewington Ln.
Rainsford St.
Bellevue
Guinness Storehouse
Gr. Canal Pl. N.
Bassin St. Upr.
Pim St.
Canal Way School
St. James's Hospital
St. Kevin's Hospital
Fatima
St. James's Walk
Rialto
School St.
Meath Pl.
Meath St.
Braithwaite St.
Pimlico
Gray St.
Carman's Hall
The Coombe Relief Rd.
Dean Street
New St. Patrick Street
St. Patrick's Cathedral
Marsh's Library
Carmelite Church
St. Stephen's Green Centre
Royal College
Aungier St.
Kevin St.
National Archives
D.I.T.
Cuffe Street
Wexford St.
University Church
Weaver Park
The Coombe
Newmarket
Teeling Distillery
Mill St.
New Row S.
Cork Street
Chamber St.
Ardee Street
Marrowbone Lane
R110
Our Lady's Rd.
Lourdes Rd.
Morning Star Rd.
Dolphin's Barn Street
Donore Av.
Brown St. S.
Eugene St.
St. Teresa's Gdns.
Susan Terr.
Curry Rd.
St. Thomas Rd.
Cl. Mangan Rd.
Blackpitts
Long Ln.
Meath Hospital
Camden Row
Heytesbury St.
Arnott St.
Lower Camden Street Upper
Harcourt Street
Garda H.Q.
Iveagh Gardens
Nat. Concert Hall
Hatch St.
Harcourt
Harcourt Rd.
Charlemont Street
Charlemont Mall
South Circular Road
Rialto St.
St. Anthony's Rd.
Reuben St.
Reuben Av.
Parish
Dolphin House
Coombe Woman's Hospital
St. Teresa's
O'Donovan Rd.
St. Catherine's School
Clanbrassil Street
Lombard St. W.
Ovoca Rd.
Emorville Av.
St. Kevin's
Synge St.
Shaw Birthplace
Richmond Street S.
Church of Our Lady of Dolphin
Fire Station
Dolphin's Barn Library
Grand Canal
Dublin Mosque
Dufferin Av.
Greenville Terr.
St. Alban's Rd.
Raymond St.
Griffith College
The National Stadium
South Circular Road
St. Kevin's
N 81
Longwood Av.
Bloomfield Av.
Victoria St.
Irish Jewish Museum
Lennox St.
Portobello Rd.
Grafton College
Canal Road
Crumlin Road
Dolphin Park
Sports Ground
Loreto School
Loreto College
Rutland Av.
Rathdrum Rd.
Glenealy Rd.
Parnell Road
Aughavanagh Rd.
Dolphin's Barn Jewish Cemetery
Clogher Road
Parnell Av.
Greenmount Ln.
R. Emmet Bridge
Windsor Terr.
R111
Grove Road
Grove Pk.
Mary Immaculate
St. Mary's College
Military Rd.
Richmond Hill
Cathal Brugha Barracks
Mountpleasant Av. Lwr.
Technical School
HAROLD'S CROSS
Our Lady's Hospice
Harold's Cross Road
Mt. Drummond Av.
Darley St.
St. Clare's School
Fitzgerald St.
Ardee Rd.
Rathmines Road Lower
Cricket Ground
Fire Station
Mountpleasant Av. Upr.
Marist School
Clogher Road
St. Bernadette
Marist Convent
Ceannt Stadium
Eamon Ceannt Park
Rutland Gr.
Mount Jerome Cemetery
Mount Jerome House
Mt. Argus Gr.
Mt. Argus Rd.
Greyhound Race Track
Grosvenor Sq.
Grosvenor Lodge
Technical School
Town Hall
Swan Shopping Centre
Castlewood Avenue
Leinster Road
Charleville Rd.
Ferns Rd.
Mt. Argus Cres.
Mt. Argus Vw.
St. Paul of the Cross Mount Argus
Kimmage Road Lower
Parkview Pl.
Our Lady of the Rosary
Grosvenor Pl.
St. Louis High School
Castlewood Pk.
Cambridge Rd.
Church Gdns.
Church Av.
Sundrive Road
Devenish Rd.
Blarney Pk.
Casimir Rd.
Kenilworth Pk.
Westfield Rd.
Leinster Rd. W.
Effra Rd.
Kenilworth Ln.
Kenilworth Road
R114
RATHMINES
Kildare Place School
Sundrive Shopping Centre
Larkfield Av.
Larkfield Park
Priory Rd.
Clareville Road
Shanid Rd.
Harold's Cross Road
Kenilworth Sq. N.
Kenilworth Sq. W.
Kenilworth Sq. E.
Kenilworth Sq. S.
Grosvenor Rd.
Spire View Ln.
York Rd.
Maxwell Rd.
Rathmines Road Upper
Alexandra College
Leicester Av.
Frankfort Av.
Sykes Ln.
Church of the Three Patrons
Garville Av.
Garville Rd.
Garville Av. Upr.
Rathgar Avenue
Upper Downs
St. Martin's Dr.
Kimmage Gr.
Larkfield Gdns.
Larkfield Gr.
Poddle Pk.
St. Teresa's Monastery
The Cloisters
Aideen Av.
Mt. Tallant Av.
Brighton
Fortfield Terr.
183
187
188

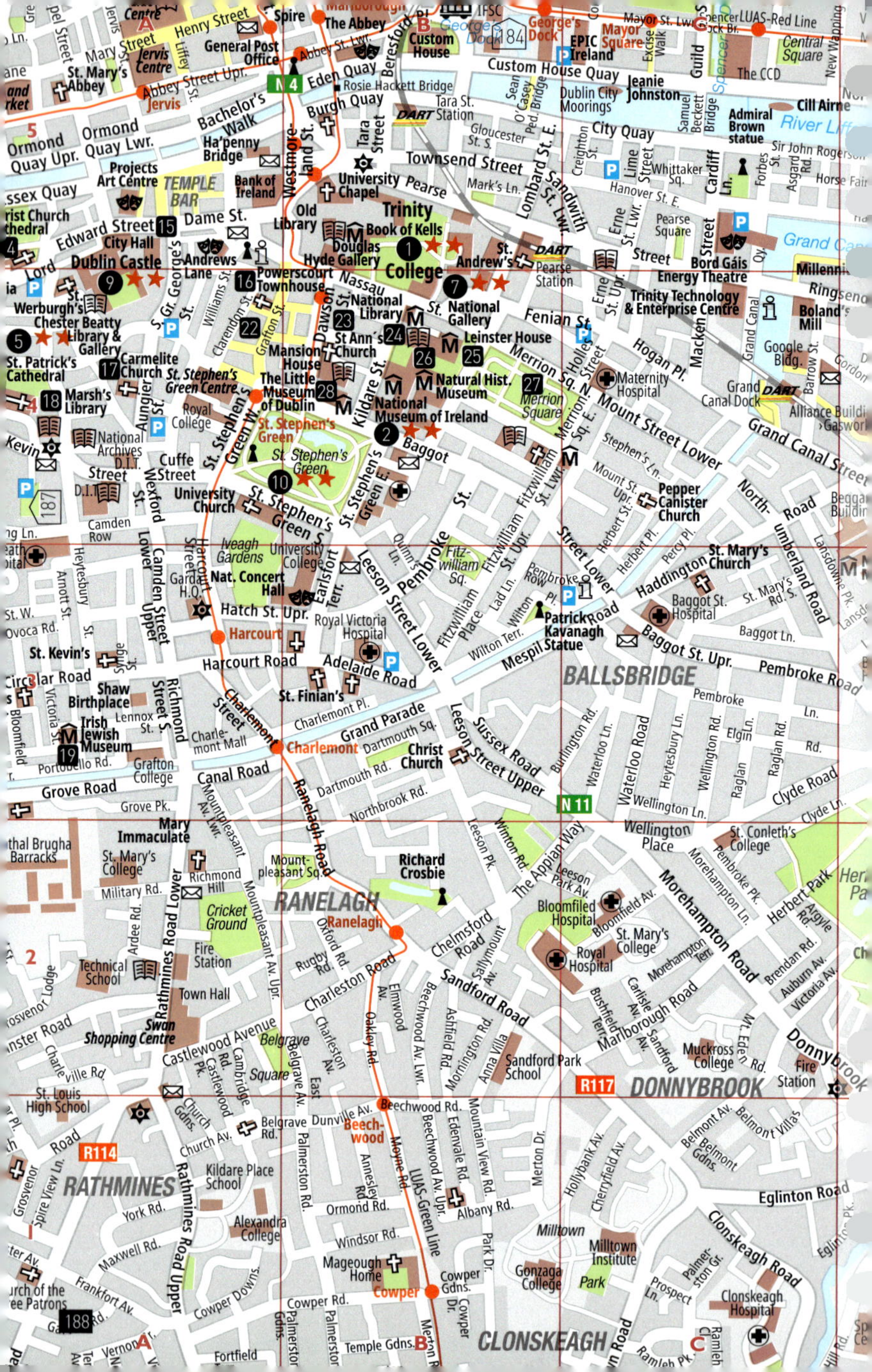

A
B
C
184
187
188
Henry Street
Spire
The Abbey
General Post Office
Custom House
IFSC
George's Dock
EPIC Ireland
Mayor Square
LUAS-Red Line
Central Square
The CCD
Jervis Centre
St. Mary's Abbey
Abbey Street Upr.
Jervis
Eden Quay
Rosie Hackett Bridge
Custom House Quay
Jeanie Johnston
Dublin City Moorings
Cill Airne
River Liffey
Admiral Brown statue
Ormond Quay Upr.
Ormond Quay Lwr.
Bachelor's Walk
Ha'penny Bridge
Burgh Quay
Tara St. Station
Tara Street
City Quay
Gloucester St. S.
Sir John Rogerson's Quay
Projects Art Centre
TEMPLE BAR
Bank of Ireland
Westmoreland St.
University Chapel
Townsend Street
Pearse
Mark's Ln.
Hanover St. E.
Whittaker Sq.
Pearse Square
Grand Canal
Essex Quay
Christ Church Cathedral
Edward Street
Dame St.
City Hall
Dublin Castle
Andrews Lane
Old Library
Book of Kells
Douglas Hyde Gallery
Trinity College
St. Andrew's
DART
Pearse Station
Lombard St. E.
Sandwith St. Lwr.
Erne St. Upr.
Bord Gáis Energy Theatre
Millennium
Ringsend
St. Werburgh's
Chester Beatty Library & Gallery
Powerscourt Townhouse
Nassau St.
National Library
National Gallery
Fenian St.
Trinity Technology & Enterprise Centre
Boland's Mill
St. Patrick's Cathedral
Carmelite Church
St. Stephen's Green Centre
Mansion House
St. Ann's Church
Leinster House
Merrion Sq. N.
Hogan Pl.
Google Bldg.
Grand Canal Dock
Alliance Building Gasworks
Marsh's Library
The Little Museum of Dublin
Natural Hist. Museum
Merrion Square
Maternity Hospital
Mount Street Lower
Grand Canal Street
National Archives
Royal College
Kildare St.
National Museum of Ireland
St. Stephen's Green
Baggot
Kevin
Cuffe Street
D.I.T.
Aungier St.
Wexford St.
University Church
St. Stephen's Green S.
St. Stephen's Green E.
Fitzwilliam St. Lwr.
Pepper Canister Church
Northumberland Road
Camden Row
Iveagh Gardens
University College
Nat. Concert Hall
Earlsfort Terr.
Leeson Street Lower
Pembroke St.
Fitzwilliam Sq.
Fitzwilliam Place
Fitzwilliam St. Upr.
Herbert Pl.
Percy Pl.
St. Mary's Church
Haddington Road
Baggot St. Hospital
Harcourt St.
Garda H.Q.
Hatch St. Upr.
Royal Victoria Hospital
Patrick Kavanagh Statue
Wilton Terr.
Mespil Road
Baggot St. Upr.
Baggot Ln.
Harcourt
Harcourt Road
Adelaide Road
BALLSBRIDGE
Pembroke Road
St. Kevin's
Circular Road
Shaw Birthplace
Richmond Street S.
St. Finian's
Charlemont Pl.
Grand Parade
Dartmouth Sq.
Sussex Road
Leeson Street Upper
Irish Jewish Museum
Portobello Rd.
Grafton College
Charlemont Mall
Charlemont
Christ Church
Canal Road
Grove Road
Ranelagh Road
Dartmouth Rd.
Northbrook Rd.
N 11
Waterloo Road
Wellington Ln.
Clyde Road
Cathal Brugha Barracks
Mary Immaculate
St. Mary's College
Military Rd.
Richmond Hill
Mountpleasant Sq.
Richard Crosbie
The Appian Way
Wellington Place
St. Conleth's College
Herbert Park
Cricket Ground
RANELAGH
Ranelagh
Bloomfield Hospital
St. Mary's College
Royal Hospital
Morehampton Road
Rathmines Road Lower
Fire Station
Technical School
Town Hall
Chelmsford Road
Sandford Road
Charleston Road
Swan Shopping Centre
Castlewood Avenue
Belgrave Square
Sandford Park School
Marlborough Road
Muckross College
Donnybrook
DONNYBROOK
R117
St. Louis High School
Beechwood Rd.
Beechwood
R114
RATHMINES
Kildare Place School
Alexandra College
Ormond Rd.
Windsor Rd.
Albany Rd.
Milltown
Milltown Institute
Eglinton Road
Clonskeagh Road
Mageough Home
Cowper
Gonzaga College
Park
Clonskeagh Hospital
CLONSKEAGH
Temple Gdns.
Rathmines Road Upper

The Point
3Arena
North Wall Quay
Alexandra Quay
Docklands
185
Timber Quay
Alexandra Basin
Petroleum Basin
North Quay Extension
Ocean Pier
Dublin Port Ferryport Terminal 3
East Link Toll Bridge
East Link (Tom Clarke Bridge)
Dublin Harbour
Eastern Breakwater
Dublin Ferry Termi
River Liffey
Rogerson's Quay
Camden Locks
Graving Docks
Hanover Qy.
Grand Canal Dock
Toll Bridge Road
Pigeon House Rd.
Ringsend Pk.
R131
Ringsend College
Cambridge Rd.
York Rd.
Thorncastle St.
St. Patrick's
RINGSEND
Ringsend Park
Irishtown Stadium
Container Terminal
Ringsend Road
Ringsend Bridge
Shelbourne Park Greyhound Stadium
Irishtown Bath Street
Rope Walk Pl.
Strand St.
Pine Rd.
Isolda Rd.
Sean Moore Road
South Bank Rd.
Whitebank Rd.
Electricity Station
E.S.B. Power Station
Shellysbanks Rd.
Pigeon House Rd.
River Dodder
Fitzwilliam Qy.
Ol. Plunkett Av.
Bremen Gr.
St. Martthew's
Church Avenue
IRISHTOWN
Sean Moore Park
London Bridge Rd.
Bath Avenue
R111
Derrynane Gdns.
Bath Av. Gdns.
South Lotts Rd.
Dock St.
Doris St.
Gordon St.
Gasworks
Beggar's-Bush Buildings
Geological Survey of Ireland
National Print Museum
O'Connell Gdns.
Havelock Sq.
Vavasour Sq.
Aviva Stadium
Lansdowne Village
Cranfield Pl.
Leahy's Terr.
St. Mary's
Beach Road
Newbridge Av.
Tritonville Road
Sandymount Road
Beach Dr.
Marine Dr.
Lansdowne Rd.
Lansdowne Station
DART
Herbert Rd.
Serpentine Rd.
Serpentine Pk.
Marian College
Marian Swimming Pool
Ballsbridge Hotel
Shelbourne Road
Farney Pk.
Claremont Pk.
Claremont Rd.
Seafort Av.
College
Methodical Church
New
Grove Av.
Sandymount Strand
Strand Road
Beatty's Av.
Ballsbridge Av.
Serpentine Avenue
Oaklands Pk.
Sports Ground
Gilford Road
Durham Rd.
Lea Rd.
SANDYMOUNT
Gilford Av.
Gilford Rd.
Gilford Pk.
Sandymount Av.
Hockey Ground
Sandymount Station
Ball's Bridge
R118
Pembroke Library
RDS Showgrounds
School
Tramway Terr.
R131
Kirkwood
Willowfield
Park Ln.
Wilfield Rd.
Prince of Wales Terr.
Merrion Road
Herbert Park
RDS Main Arena
Simmonscourt Rd.
St. Mary's Church of Ireland
St. Damian's Monastery
Agricultural Institute
Park Avenue
Martello Tower
St. John's Rd. E.
Merlyn Dr.
Merlyn Rd.
Merlyn Pk.
Hazeldean
Anglesea Road
Simmonscourt Castle
Simmonscourt Hall
Shrewsbury Rd.
Sydney Parade Avenue
Sydney Parade Station
Eglinton Terr.
Rugby Ground
Ailesbury Dr.
Ailesbury Gr.
Ailesbury Road
Sydney Parade Av.
Ailesbury Pk.
St. Alban's Pk.
Ailesbury Gdns.
Stillorgan Bridge
Brookvale Rd.
Church of the Sacred Heart
College
Merrion Shopping Centre
Seaview Terr.
Nutley Avenue
Nutley Ave.
Nutley Rd.
Nursing Home
Eglinton Pk.
Beaver Row
Bus Depot
N11
RTÉ Studios
St. Vincent's Hospital
National Rehabilitation Hospital
Beech Hill Cres.
Beech Hill Dr.
Sports Centre
The Teresian School
Airfield Pk.
Nutley Lane
Elm Park Golf Course
St. Mary's Home for the Blind
R118
D
E
F
1
2
3
4
5

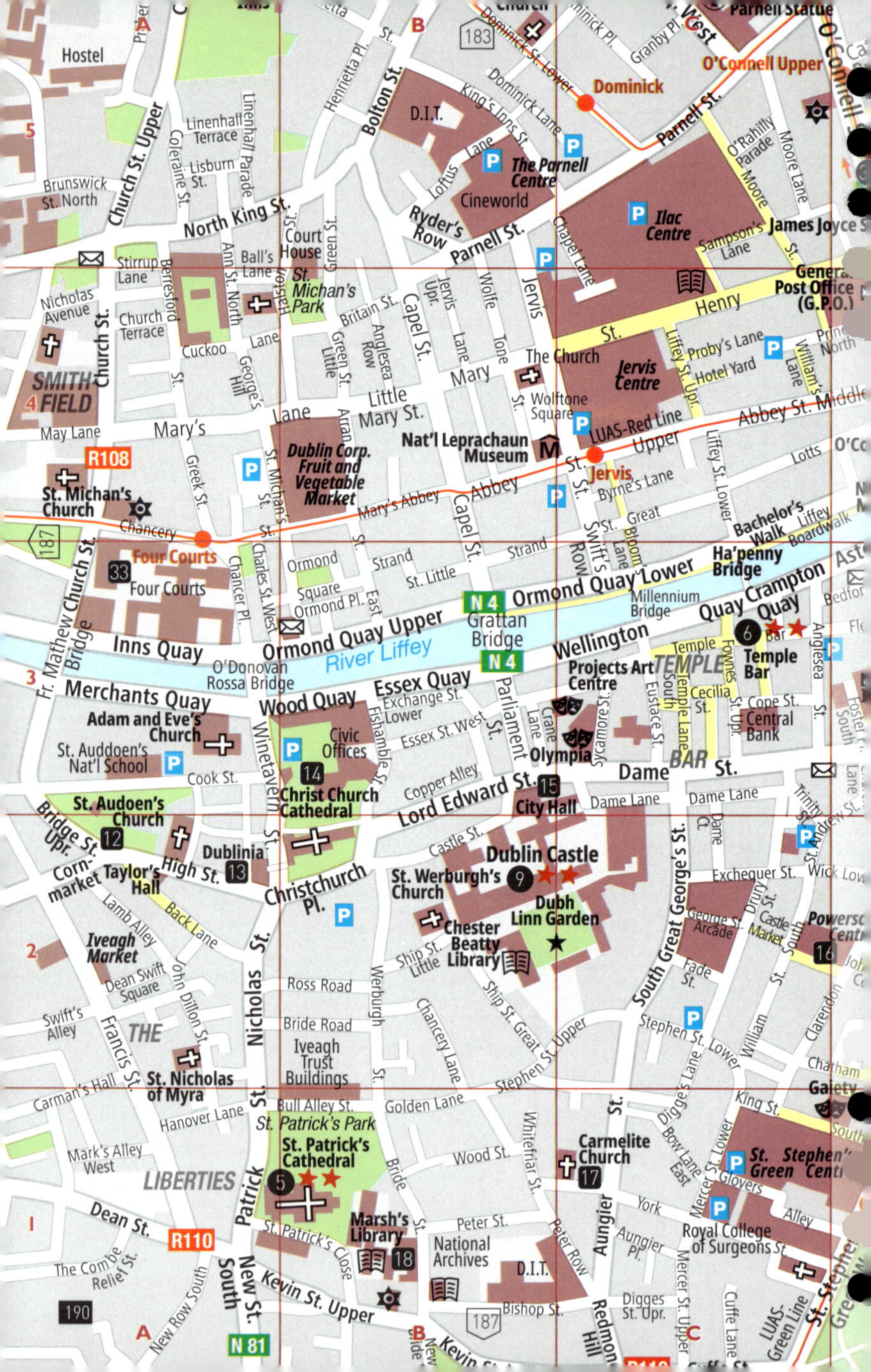

A
B
C
Hostel
5
Brunswick St. North
Church St. Upper
Coleraine St.
Linenhall Terrace
Lisburn St.
Linenhall Parade
Henrietta Pl.
Bolton St.
D.I.T.
183
Dominick St. Lower
King's Inns St.
Dominick Lane
Dominick
Granby Pl.
Parnell Statue
O'Connell Upper
Parnell St.
The Parnell Centre
Cineworld
Loftus Lane
Ryder's Row
Parnell St.
O'Rahilly Parade
Moore Lane
Moore St.
Ilac Centre
Sampson's Lane
James Joyce St.
North King St.
Stirrup Lane
Nicholas Avenue
Church Terrace
Beresford St.
Ann St. North
Ball's Lane
Court House
Green St.
St. Michan's Park
Halston St.
Cuckoo Lane
George's Hill
Church St.
SMITHFIELD
4
Britain St.
Green St. Little
Anglesea Row
Capel St.
Jervis St. Upr.
Jervis Lane
Wolfe Tone St.
Chapel Lane
Henry St.
General Post Office (G.P.O.)
Liffey St. Upr.
Proby's Lane
Hotel Yard
William's Lane
Prince's St. North
The Church
Jervis Centre
Mary St.
Little Mary St.
Wolftone Square
Abbey St. Middle
May Lane
Mary's Lane
R108
Greek St.
St. Michan's St.
Arran St.
Dublin Corp. Fruit and Vegetable Market
Nat'l Leprachaun Museum
LUAS-Red Line
Upper
Abbey St.
Jervis
Byrne's Lane
Liffey St. Lower
Lotts
St. Michan's Church
Chancery St.
Mary's Abbey
187
Four Courts
33
Charles St. West
Chancery Pl.
Ormond Square
Ormond Pl.
East St.
Strand St. Little
Strand St.
Swift's Row
Bloom Lane
Great Strand St.
Bachelor's Walk
Liffey Boardwalk
Ha'penny Bridge
Fr. Mathew Bridge
Ormond Quay Upper
N4
Grattan Bridge
Ormond Quay Lower
Millennium Bridge
Crampton Quay
Aston Quay
Bedford Row
6
Bar
Fleet St.
Inns Quay
O'Donovan Rossa Bridge
River Liffey
Wellington Quay
Temple Lane
TEMPLE BAR
Temple Bar
Anglesea St.
3
Merchants Quay
Wood Quay
Essex Quay
Exchange St. Lower
Parliament St.
Projects Art Centre
Eustace St.
Fownes St. Upr.
Cecilia St.
Cope St.
Central Bank
Foster Pl. South
Adam and Eve's Church
St. Auddoen's Nat'l School
Winetavern St.
Civic Offices
Fishamble St.
Essex St. West
Crane Lane
Sycamore St.
Olympia
14
Christ Church Cathedral
Cook St.
Copper Alley
Lord Edward St.
15
City Hall
Dame St.
Dame Lane
Trinity St.
St. Andrew St.
St. Audoen's Church
Bridge St. Upr.
12
Cornmarket
Dublinia
High St.
13
Taylor's Hall
Castle St.
Dublin Castle
9
St. Werburgh's Church
Dame Ct.
Exchequer St.
Wicklow St.
South Great George's St.
Drury St.
George St. Arcade
Castle Market
South William St.
Powerscourt Centre
16
Christchurch Pl.
Back Lane
Lamb Alley
2
Iveagh Market
Dean Swift Square
John Dillon St.
Nicholas St.
Chester Beatty Library
Dubh Linn Garden
Ship St. Little
Fade St.
Johnson Ct.
Ross Road
Werburgh St.
Chancery Lane
Ship St. Great
Stephen St. Upper
Stephen St. Lower
William St.
Clarendon St.
Chatham St.
Swift's Alley
Francis St.
THE LIBERTIES
Bride Road
Iveagh Trust Buildings
St. Nicholas of Myra
Carman's Hall
Bull Alley St.
Golden Lane
Digges Lane
Bow Lane East
King St. South
Gaiety
Hanover Lane
St. Patrick's Park
St. Patrick's Cathedral
5
Wood St.
Whitefriar St.
Carmelite Church
17
Aungier St.
Mercer St. Lower
St. Stephen's Green Centre
Glovers Alley
Mark's Alley West
Patrick St.
Bride St.
York St.
1
Dean St.
R110
St. Patrick's Close
Marsh's Library
18
Peter St.
Peter Row
Aungier Pl.
Royal College of Surgeons
The Combe Relief St.
National Archives
D.I.T.
Digges St. Upr.
Mercer St. Upper
Cuffe Lane
LUAS-Green Line
St. Stephen's Green
New Row South
South New St.
Kevin St. Upper
190
N 81
Bride St. New
Bishop St.
187
Redmond Hill
Kevin St.

COMMUTER
Connolly Station
Sheriff St. Lwr.
Custom House Plaza
DOCKLANDS
Inner Dock
George's Dock
Connolly
Talbot Street Monument
Dept. of Social Welfare
Amiens St.
Busáras
Store St.
Eileen McLoughlin Park
184
Foley
Joyce's Walk
Mabbot Lane
Talbot St.
Lower
Tyrone House
Dept. of Education
Champions Ave.
St. Mary's Pro-Cathedral
Cathedral St.
Marlborough
Irish Life Centre
Beresford Pl.
Statue
O'Connell St.
Cathal Brugha St.
Thomas Lane
Savoy
30
N 4
James Joyce Statue
The Spire
Earl St. North
General Post Office (G.P.O.)
O'Connell-GPO
Earl Pl.
Sackville Pl.
Prince's St. North
William's Lane
Memorial Plaque
The Abbey
Lower
Abbey St.
Abbey St. Old
Abbey St. Middle
Bachelor's Way
Harbour Court
Eden Quay
Liberty Hall Theatre
Custom House
James Connolly Statue
36
Memorial Rd.
International Financial Services Centre (IFSC)
George's Dock
The Chq Building
Triumphal Arch
EPIC
Custom House Quay
Famine Memorial
River Liffey
Sean O'Casey Pedestrian Bridge
City Quay
Talbot Memorial Bridge
Butt Bridge
George's Quay
DART
Tara St. Station
Rosie Hackett Bridge
Burgh Quay
O'Connell Bridge
O'Connell Mon.
Lotts
Liffey Boardwalk
National Wax Museum Plus
Aston Quay
20
D'Olier St.
Hawkins St.
Poolbeg St.
Luke St.
Moss St.
Gloucester St. South
Prince's St. South
Dowlings Court
East
188
Bedford
Aston Pl.
Prices Lane
Westmoreland St.
West-moreland
Fleet St.
Trinity
Anglesea St.
Townsend St.
Tara St.
Spring Garden Lane
Shaw St.
Mark St.
Mark's Lane
Lombard St.
Townsend St.
Sandwith St. Lower
Magennis Pl.
College St.
University Chapel
Trinity College
Bank of Ireland
21
Foster Pl. South
College Grn.
Irish Whiskey Museum
1
Book of Kells
Old Library
Pearse St.
R118
Pearse St.
Pearse Station
St. Andrew's
Berkeley Library
College Park
Church Lane
Molly Malone
St. Andrew St.
Trinity St.
Grafton St.
Suffolk St.
Douglas Hyde Gallery
Westland Row
Cumberland St. South
Boyne St.
Wick Low St.
Nassau St.
Dental Hospital
Lincoln Pl.
R.I.A.M.
Bass Pl.
Powerscourt Centre
16
Convent Hall
Duke Lane Lwr.
Dawson
Frederick St. South
Leinster St. South
Heraldic Museum
Leinster Lane
Clare St.
Clare Lane
Fenian St.
Denzille Lane
Johnson's Court
22
Duke St.
Lemon St.
Anne St. South
Anne's Lane
Frederick Lane South
Molesworth St.
23
Kildare St.
National Library
24
7
National Gallery
R118
Oscar Wilde House
Merrion St. Lwr.
Merrion Square North
Oscar Wilde Statue
Merrion Square - Archbishop Ryan Park
27
Merrion Square West
Clarendon St.
Chatham St.
Gaiety
St. Ann's Church
Schoolhouse La.
R.I.A. Library
Mansion House
25
Leinster House
2
National Museum of Ireland
Natural History Museum
26
Dawson St.
South
Fusiliers Arch
Stephen's Green Centre
28
The Little Museum of Dublin
St. Stephen's Green North
St. Stephen's Green
N 11
Government Buildings
Merrion St. Upper
Merrion Pl.
Merrion Square South
Merrion Sq. East
10
Saint Stephen's Green
St. Stephen's Green West
Merrion Row
Fitzwilliam Lane
O'Donoghue's
188
Hume St.
Constance
191
Mount St.
D
E
F
1
2
3
4
5

Straßenregister

Register

AA: Karl Blackwell 6 (10) und 100, 18, 20 o. li., 21 re., 21 o. li., 22 o. li., 22 u. li., 31, 47, 49, 50 o. li., 50 u., 56, 61, 62, 64 (© VG Bild-Kunst, Bonn 2018), 65, 66, 69 o., 69 u., 86 o., 86 u., 87, 93, 95, 99, 99, 101, 104, 119 o., 128, 135, 147, 148 o., 151, 158, 159, 164, 165; Simon McBride 27; Steve Day 127, 143

City Kayaking, Dublin: 120/121 M. o.

DuMont Bildarchiv, Ostfildern: Johannn Scheibner 6 (4), 6 (6), 6 (9), 10 u., 14, 28, 29, 41 u., 54, 59, 60, 75, 106, 109, 129, 137, 138, 144/145, 149, 150, 152, 154/155, 163, 167; Olaf Meinhardt 23, 110

Getty Images, München: 2013 Dept of the Taoiseach/Justin Mac Innes 26 o.; Astrakan Images 16; Billl Heinsohn 82 li.; Bridgeman 22 re.; Bruce Yuanyue Bi 42/43, 156; Corinne J. Humphrey 103; Glow Images 21 u. li.; John Freeman 120/121 M.; Levers2007 41 o.; New York Times Co. 25; Sam Mellish 85 u.

Huber Images, Garmisch-Partenkirchen: Massimo Ripani 5 u.

iStock.com, Calgary (CA): tamsindove 105

laif, Köln: Heiko Specht 72; Karl-Heinz Raach 6 (8), 67, 82 M. o., 124; Maisant Ludovic/hemis.fr 6 (7), 95; Robert Haidinger 50 re. o., 70, 122 u., 140, 168/169

Lookphotos, München: ClickAlps 10 o., 55; Elan Fleisher 122 o.; Pompe 97; Robertharding 82/83; SagaPhoto 6 (5), 44 u.; Thomas Stankiewicz 5 o., 12/13, 36/37, 55, 114/115, 122/123, 148 u., 162

Mato: Massimo Ripani 9; Stefano Amantini 44/45, 121 re.; Wojtek Buss/Onlyworld 44 o.; Wojtek Buss/Onlyworld/Schapowalow 76/78

Mauritius Images, Mittenwald: Alamy 43 o.; Imagebroker/Martin Siepmann 81 u.; Kay Roxby/Alamy 94; Kevin Foy/Alamy 119 u.; Loop Images/Rick Senley 6 (3), 48; Martin Thomas Photography/Alamy 120 li.; Masterfile RM/R. Ian Lloyd 24, 92; Steppenwolf/Alamy 68; Walter Bibikow 61, 141

picture-alliance, Frankfurt a. M.: akg-images/Werner Forman 6 (2), 91; Arcaid 34 Artur Widak 15, 81 o., 85 o.; Brian Llawless 32; Heiko Beyer 120/121 M. u.; Imagebroker 17, 90; JB/Shotshop 71; Jevgenija Pigozne 98; Leah Bignell 19; Niall Carson 126; Olivier Matthys 26 u.; Photoshot 35; United Archives/WHA 6 (1), 82 M. u. ; W. Dieterich 174; Westend61 42; White Star/Pasdzior 89

Shutterstock, Amsterdam (NL): Arcady 84/85, Claire Whitehead 142, Clayton Harrison 133, Derick P. Hudson 113, Irina Wilhauk 131, Piotr Koscielniak 136, Rob Wilson 130, Semmick Photo 33

Titelbilder oben und unten: David Soanes Photography/Getty Images; David Soanes Photography/Getty Images
Umschlag hinten: DuMont Bildarchiv/Johann Scheibner

4., aktualisierte Auflage 2024

Text: Birgit Müller-Wöbcke, Dr. Manfred Wöbcke, Theresa Fisher, Louise McGrath, Bernd Biege
Übersetzung: Doreen Reeck, Selma Nayin, Daniela Hohmann
Redaktion & Gestaltung: Christiane Wagner; Dominique Loenicker (Cyclus); Eszter Kalmár (4. Aufl.)

Kartografie: © 2023 KOMPASS-Karten GmbH, A-6020 Innsbruck;
MAIRDUMONT, D-73751 Ostfildern
Infografiken: Golden Section Graphics GmbH, Berlin
Visuelle Konzeption: Neue Gestaltung, Berlin

Printed in China

Trotz aller Sorgfalt von Autoren, Autorinnen und Redaktion sind Fehler und Änderungen nach Drucklegung leider nicht auszuschließen. Dafür kann der Verlag keine Haftung übernehmen. Berichtigungen, Kritik und Verbesserungsvorschläge sind uns jederzeit willkommen, bitte informieren Sie uns unter:

Baedeker Redaktion
Postfach 3162
D-73751 Ostfildern
Tel. 0711 45 02-262
smart@baedeker.com
www.baedeker.com

FSC
www.fsc.org
MIX
Papier aus verantwortungsvollen Quellen
FSC® C124385

Meine Notizen